東海道 人と文化の万華鏡

中西 進
小和田哲男
関 幸彦
柴 桂子
神崎宣武
鈴木日出男
児玉 信
板坂耀子
永田生慈
宮内淳子
久保田展弘
久野マリ子
八百啓介
羽根田 治

ウェッジ

東海道 人と文化の 万華鏡

【目次】

東海道探訪　ゆかりの地マップ ―― 〇〇六

プロローグ　東海道いま・むかし ―― 中西　進 〇一〇

［第1章］

つわものどもの東海道

ヤマトタケル〈天空へと続く哀しみの彷徨〉―― 中西　進 〇二六

徳川家康〈狸親爺の道路戦略〉―― 小和田哲男 〇三七

源頼朝〈情報は戦いを制す〉―― 関　幸彦 〇四七

［第2章］

おんなたちの東海道

井上通女〈こころ豊かに晴れの道草〉――柴　桂子　〇六〇

後深草院二条〈「女西行」が詠んだ路傍の情〉――神崎　宣武　〇七一

菅原孝標女〈旅すがらの幻想に人生を重ねて〉――鈴木日出男　〇八三

［第3章］

芸能者たちの東海道

能『源太夫』〈街道の守護神・熱田宮信仰の結晶〉――児玉　信　〇九六

神楽・門付・大道芸〈旅する芸能者の群像〉――児玉　信　一〇八

清水次郎長〈旅ゆけば駿河の国に茶の香り〉――児玉　信　一二〇

［第4章］

文人たちの東海道

在原業平〈あずまくだりの歌枕〉 鈴木日出男 一三四
十返舎一九〈食い気と色気の弥次北道中〉 板坂耀子 一四四
歌川広重〈「五拾三次」で才能の花開く〉 永田生慈 一五五
岡本かの子〈憧憬の通い道〉 宮内淳子 一六五

［第5章］

信仰に見る東海道

修験道〈文化と情報の伝達者〉 久保田展弘 一七八
おかげまいり〈伊勢をめざした民衆のエネルギー〉 久保田展弘 一八九
富士信仰〈はるか霊峰の頂へ〉 久保田展弘 一九九

［第6章］

お国訛りの東海道

江戸語の誕生〈東海道を下った上方語〉——久野マリ子　二一一
江戸語の成立〈上方語から江戸語へ〉——久野マリ子　二二二
日本語の未来〈東京語から共通語へ〉——久野マリ子　二三三

［終章］

東海道から東海道線へ

ツュンベリー〈スウェーデン人医師が歩いた東海道〉——八百　啓介　二四六
エピローグ〈鉄路を越えて——東海道線が伝えたもの〉——羽根田　治　二五六

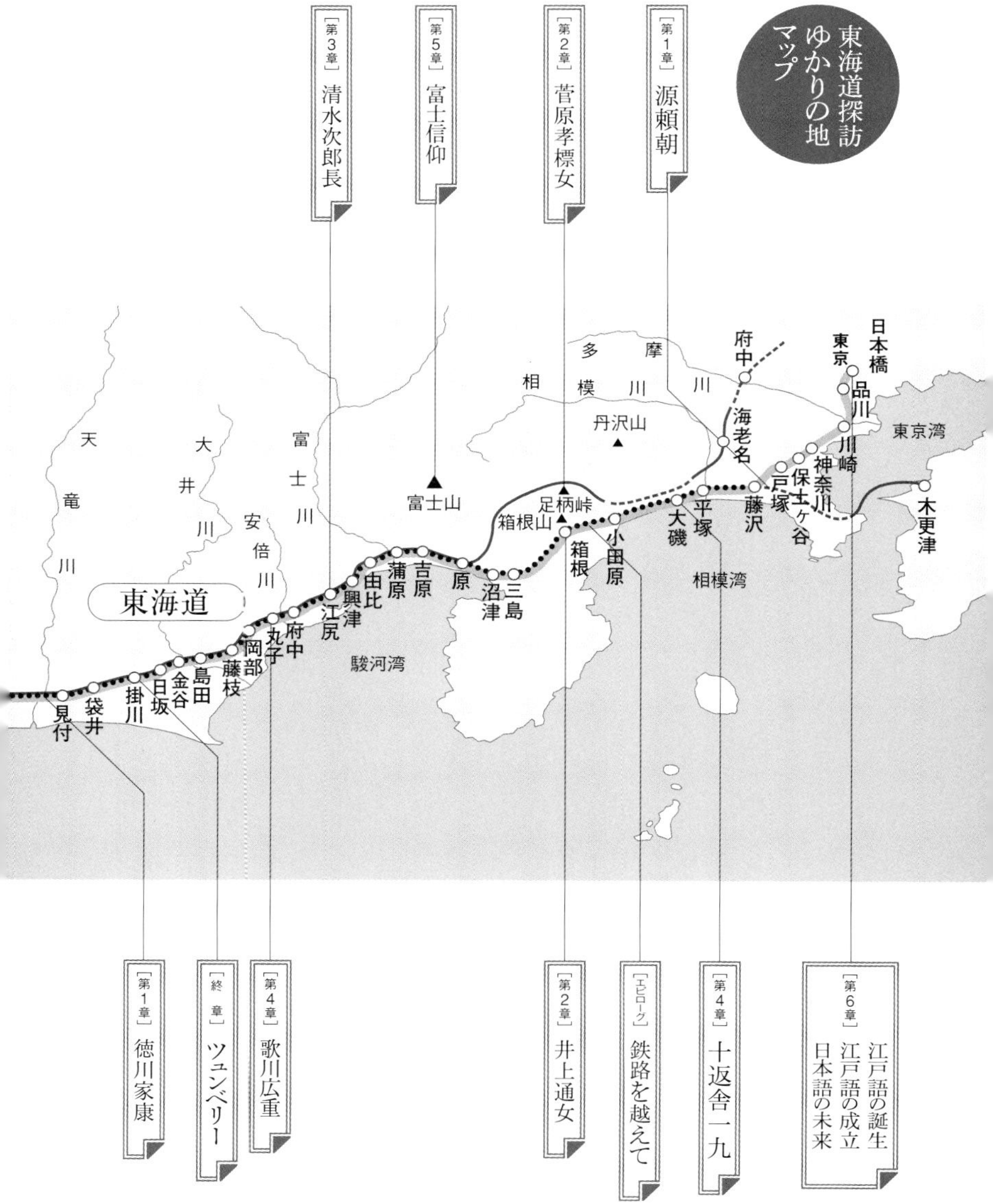
東海道探訪ゆかりの地マップ
［第1章］源頼朝
［第2章］菅原孝標女
［第5章］富士信仰
［第3章］清水次郎長
［第6章］江戸語の誕生 江戸語の成立 日本語の未来
［第4章］十返舎一九
［エピローグ］鉄路を越えて
［第2章］井上通女
［第4章］歌川広重
［終章］ツュンベリー
［第1章］徳川家康
東海道
日本橋
東京
品川
川崎
神奈川
保土ヶ谷
戸塚
藤沢
平塚
大磯
小田原
箱根
三島
沼津
原
吉原
蒲原
由比
興津
江尻
府中
丸子
岡部
藤枝
島田
金谷
日坂
掛川
袋井
見付
府中
海老名
木更津
多摩川
相模川
丹沢山
足柄峠
箱根山
富士山
富士川
安倍川
大井川
天竜川
東京湾
相模湾
駿河湾

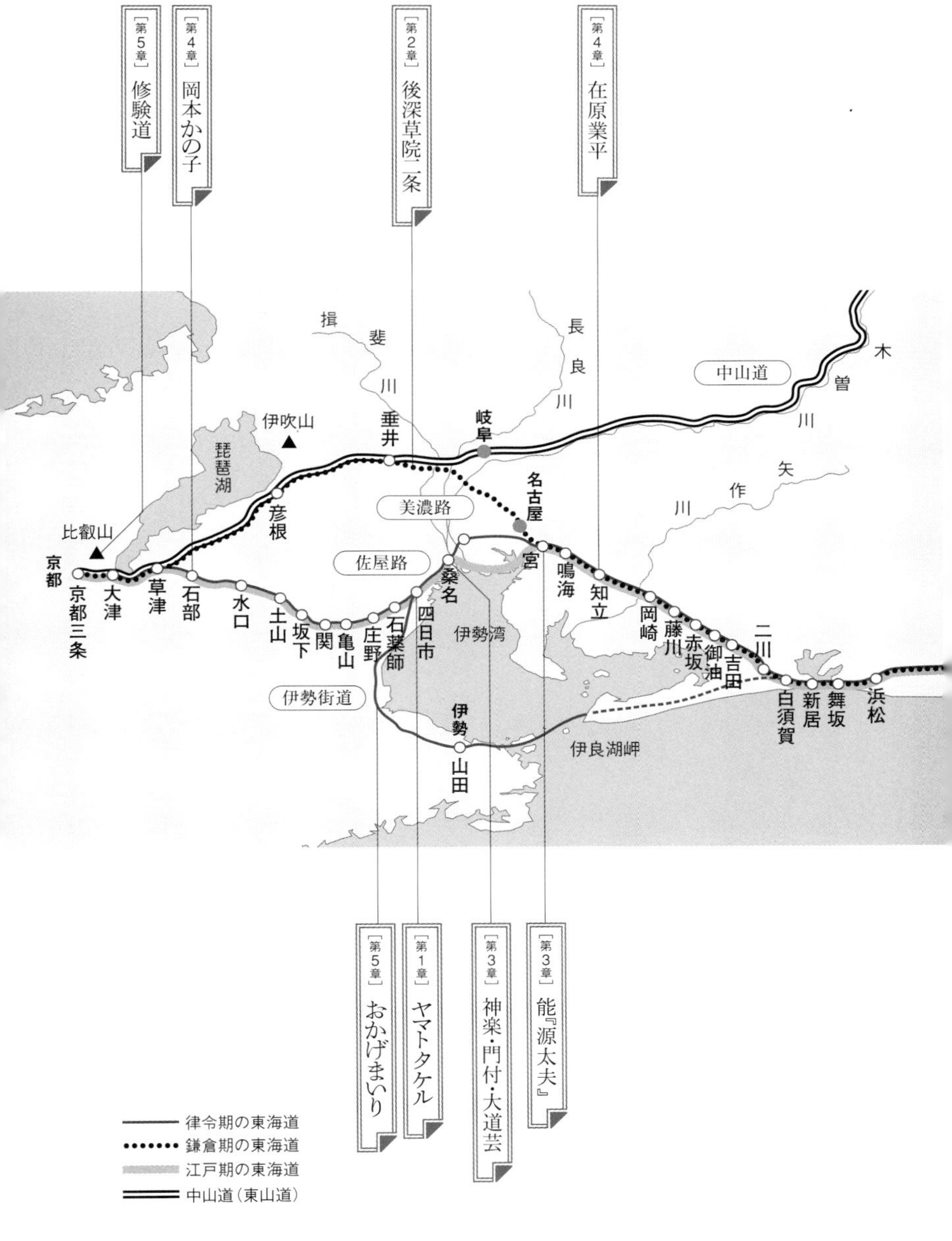

〔第5章〕修験道
〔第4章〕岡本かの子
〔第2章〕後深草院二条
〔第4章〕在原業平
揖斐川
長良川
木曽川
中山道
伊吹山
琵琶湖
垂井
岐阜
名古屋
矢作川
美濃路
佐屋路
比叡山
京都
京都三条
大津
草津
石部
水口
土山
坂下
関
亀山
庄野
石薬師
四日市
桑名
宮
鳴海
知立
岡崎
藤川
赤坂
御油
吉田
二川
白須賀
新居
舞坂
浜松
彦根
伊勢湾
伊勢街道
伊勢
山田
伊良湖岬
〔第5章〕おかげまいり
〔第1章〕ヤマトタケル
〔第3章〕神楽・門付・大道芸
〔第3章〕能『源太夫』
律令期の東海道
鎌倉期の東海道
江戸期の東海道
中山道（東山道）

東海道 人と文化の 万華鏡

プロローグ

東海道いま・むかし

●中西進・文 text by Susumu Nakanishi

本州を東西に往来する、
日本のメインルート東海道。
神話の時代から新幹線が疾走する今日まで、
この道はつねに日本という国の
歴史と共鳴しながら発展してきた。
宿駅制が四〇〇年を迎える今年、
単なる「道」を超えた、
懐かしい共有感覚に満ちた場としての
東海道を知ってみようではないか。

❖太陽を求める道

日本が、最初に大国家を作ろうとしたのは、七世紀のころである。当時、大和にあって少しずつ勢力をひろげていた大和朝廷は、もともと西の方から国々を支配下においてきた王権だったから、いっそう支配圏を大きくするためには、必然的に東国に目を向けるようになった。

東海道が誕生するきっかけが、これである。

しかし東国へと足をはこぶ道は、何も海沿いの、いまの東海道とはかぎらない。現代の鉄道だって、東海道線もあれば中央線もある。北陸新幹線だって間もなく完成するだろう。

そうした中で、東海道がもっとも早く注目され、もっとも先に道としてでき上がっていくのは、なぜだろう。

じつは、次のような事情がある。

七世紀の大和朝廷は、自分たちが太陽の子孫であることを強く信じ、人々にそのことを強調した。

そこで伊勢の国という大和の東方の国を尊重し、そこの神として太陽の女神天照大神《あまてらすおおみかみ》をまつった。

ところが、この国の海上はるかに見える富士山から、太陽がのぼる。中国では太陽は扶桑《ふそう》という木を伝って上空にのぼるから、富士山は扶桑ともよばれ、人々はこの太陽を生む聖山を目ざしてひたすらに足をのばしていった。

大和から伊勢までだった東海への道は、さらに富士のま近の駿河の国まで伸長していったことになる。

しかし、富士山まで行ってみると、太陽はさらに遠い東方からのぼる。

古代人は、さらに東へと、太陽ののぼる場所——王たちの故郷をもとめて、まっしぐらに道を進むこととなった。

それでは、どこまで行けば、王の母国に到着するのだろう。

じつは『日本書紀』という七二〇年にできた歴史書に、伝説的な英雄・ヤマトタケルが東国の反対勢力を駆逐して東へ東へと進んだ事蹟が書かれているが、そこでは、タケルがついに「日高見《ひだかみ》の国」まで行ったとある。

どうも、日高見の国に到達することによって、太陽という母郷への思慕は、完了するらしい。

それでは日高見の国とはどこか。日高見という字からも「太陽が高く支配する国」と考えられ、太陽そのものを国としてよんだとも思えるが、やはり「国」として考えるなら、「高見」は宛て字で「日た(ッ)上《かみ》」という国と考えた方がよい。「た(ッ)」は「の」の意味、カミは「ほとり」の意味。つまり「太陽のほとりの国」までヤマトタケルが行ったという伝説を『日本書紀』は記すのだと思われる。

しかしそういっても、太陽のほとりの国がどこかわからない。

駿河からさらに太陽の母郷を求めた古代人は、足柄峠を越え、相模の海のほとりに出、さらに[注1]走水の瀬戸を渡って上総《かずさ》の国にいたり、北上して海上から出つづける太陽の母郷を求めて旅をしつづけたであろう。

そのひとまずの終点が常陸《ひたち》の国だったと思われる。なにしろこの地を

[注1]**走水の瀬戸**
現在の東京湾浦賀水道のこと。

東海道箱根付近、雲の切れ間から姿を現した富士山。いにしえ、太陽を求めた旅人も見た光景だろうか。

「日・立ち（生まれる）」の国とよんだのだから。

八世紀にできた『常陸国風土記《ひたちのくにふどき》』という本には、この国まで「直道《ひたみち》」――都からまっ直ぐに道がつづくから「ひたち」と言ったのだという伝説を載せているが、なるほど古代人の太陽を求める旅が、いかにいちずだったかを、しのばせるものがある。

東海道の終点が常陸だったことも、こう考えるとよくわかる。これ以上は行きようがないのである。

もう一つの東国へのルート・東山道は東国へ入ってから上野《こうずけ》・下野《しもつけ》を経て、さらに道は奥州の先へとのびる。たんなる道としての街道は、そちらにまかせることとなった。

ちなみに、大和王権の東方の終点である常陸の、この重要さは常陸の宮の任命[注2]にもよくあらわれている。反対に、西方に道を「尽くし」た筑紫《つくし》には[注3]大宰府がおかれ、のちのちこの大宰府にも親王が任命された。

[注2] **常陸の宮の任命**
八二六年より、常陸国は親王任国となり、太守には親王が在京のまま任じられる（遥任）こととなった。

[注3] **大宰府**
律令制下に九州地方を統括した官庁。五三六年に置かれた朝鮮半島への兵站（へいたん）基地が起源。官制は中央のものを縮小した形をとり、朝廷の出先機関として外交・軍事や民間の貿易管理も担当した。長官を帥（そち）という。

❖行政区分としての道

ところで、本来道とは、道路をさすだけではなく、地域をも意味した。今でも地域を北海道というごとくである。

古代にはむしろ、その意味が強かった。古代の五畿七道《ごきしちどう》とよばれるものも、その一つである。

古代日本は中国のきまりであるところの律令《りつりょう》をかりて国家を整備したが、その律令制度によって、全国を五つの畿(都近くの五カ国)と七つの道に分けた。その七道とは東海・東山・北陸・山陰・山陽・南海・西海の諸道である。

そうなると東海道もいままでのような精神性は薄らぎ、もっぱらそれぞれに属する国々[注4]が重要な意味をもってくるだろう。

早い話、今まで大和から伊勢、さらに海上を渡って渥美《あつみ》半島の伊良湖《いらこ》岬へ上陸していたルートは、伊勢を通らず北上して伊勢湾ぞいの陸路をたどることとなり、渥美半島の付け根で伊良湖経由の道と重なるようになる。

そもそもの道は水上によることが多い。その方が重い物を運ぶのにも、道を開削《かいさく》する手間の面からも、はるかに都合がよいからだ。古代の都市が川ぞいにできるのもそのためである。

ところがいま、東海道のメインルートが海路を捨てたのだから、その点か

[注4] **東海道の国々**
八世紀前半までの律令制下における東海道に含まれる国は次の十四カ国。伊賀・伊勢・志摩・尾張・三河・遠江・駿河・伊豆・甲斐・相模・安房・上総・下総・常陸。

らも交通路として以上に、行政権の確立に道の主力が移っていったことを示しているだろう。

　こうなると、本州の背骨にあたるところを貫通する東山道という道を、官道として整備する必要も増し、急ピッチで道路が作られた。

『万葉集』（巻十四・三三九九）には、

　信濃道は　今の墾道《はりみち》　刈株《かりばね》に　足踏ましなむ　履《くつ》はけわが背

という歌がある。信濃道は東山道の一部だが、そこは開削したばかりの道だから、そこここに木の切り株が残っている。そこで、はだしでは怪我をしてしまうので、履をはきなさいという一首である。

『続日本紀』によると、大宝二年（七〇二年）十二月から和銅六年（七一三年）七月にかけて信濃道の開かれたことがわかる。そのさまをよく伝えるものがこの一首だ。

　また、宝亀二年（七七一年）に、これまで東山道に属していた武蔵の国が東海道に編入されることになる。

　東山道にあっては武蔵は支線であり、上野・下野の「毛の国」を通る主道路からそれる。また東海道も古来、相模から海を渡って上総へ抜けたのだから、東海道からも武蔵は支線になる。

その武蔵が東海道に入り、さらに道は北上して常陸へ到るとなると、ここでも海路が捨てられることとなる。

二つの海路を捨てた東海道は、完全な陸ルートとして完成した。

そもそも武蔵国はお隣の強国、上野・下野の毛の国の支配が弱かった場所で、大和朝廷が豪族の内紛に乗じて屯倉《みやけ》[注5]を作ることに成功した土地である。それを東海道のメインに据えたことは、当時の大きな行政上の決定だったと思われる。

それにしても、武蔵は草深いところで、平安時代、十一世紀中ごろの『更級日記《さらしなにっき》』がいうところによると、行列の一行の先が草にかくれてみえなかったという。

後のち、武蔵野といえば広漠たる草原として絵画にも描かれるパターンができた。そのそもそもの起こりは、いなかだった武蔵を東海道にくみ入れた、制度上の多少強引な政策にあったというべきだろう。

❖二極を結ぶ道

それにしても、十世紀初めの各道の整備は画期的なことで『延喜式《えんぎしき》』という平安初期の朝廷規程集には、各道宿駅の馬の数から、都へ上下する所要日

[注5]**屯倉**
大和朝廷の直轄領のこと。とりわけ、直轄の農地やその周囲の課税地区、耕作民を指すことが多い。

数まで記されている。

たとえば武蔵と山城との間では上り二十九日下り十五日。武蔵には店屋、小高、大井、豊嶋の四駅がある。

東海道全体では駅家は五十五、駅馬は四六五疋《ひき》、伝馬は一七〇疋。

ところが、この東海道は十二世紀以後の鎌倉時代になると、大きく役割をかえる。鎌倉に幕府ができたからである。

今まででも国司らの一行が都と任国との間を往き来することはあったが、国の中心は一つ、都であった。

しかし鎌倉に幕府ができると日本の中心は二つになり、二つを結ぶ道として東海道は新しい意味あいをもつようになる。日本中がこの二点を中心とした運動体と変る。私はこの文化現象をカム運動[注6]として提唱してきた。

東海道も、それなりに路線が変更された。今までは足柄峠を越えて山ぞいに武蔵の国の府中へと道がのびていたが、箱根を越え、海ぞいに道が改められて、鎌倉のすぐ脇を通るようになった。

そして戸塚、川崎と海岸線を通るのだから現在の東海道とほぼ一致する。

もう一つ、西の方にも変化があった。近江の草津から亀山、四日市を通り、いわゆる佐屋路をもって宮（名古屋の熱田）へ到着した東海道の鈴鹿峠越えが敬

[注6]**カム運動**
回転軸からの長さが一定でない周辺の、回転運動。

遠され、彦根、垂井と関ヶ原を越えるルートがとられるようになった。いわゆる美濃路への変更である。

これで今日の東海道新幹線の原形ができあがったことになる。

美濃路をとることによって、伊勢はますます遠くなった。もう太古の、太陽の道など片鱗すらとどめないことになるが、それなりに情報ラインとしての機能性がいちだんと高くなったというべきだろう。

この時代のこととして驚くことは、都の情報が、もう翌日には鎌倉に届いていることである。源頼朝は「座せる知者」として天下に威を振るった。それも情報をすべていち早くキャッチできたお蔭である。

鎌倉と都を結ぶ機能的な道は、二つの政治のせめぎ合いの中に落命していった人びとの、運命をもまた機能的にすばやく運ぶこととなる。

王権の回復に力をつくした日野俊基[注7]が元弘元年（一三三一年）、死が待ちかまえる鎌倉へ送られるくだりの道行きが『太平記』巻二に心をこめてつづられている。

番場《ばんば》、醒井《さめがい》、柏原、不破《ふわ》ノ関屋ハ荒レ果テテ、猶《なお》モル物ハ秋ノ雨ノ、イツカ我身ノ尾張ナル、熱田ノ八剱《やつるぎ》伏シ拝ミ…

という道行きの哀調が並べる地名は、美濃路を採用した東海道のものである。

▼東海道ミニガイド
静岡県三島市—①

東海道十一番目の宿場町だった静岡県三島市。箱根の峠を越え、三島へ向かって坂道を下ると、やがて旧街道と国道1号線が合流する。しばらく進むと初音ヶ原と呼ばれる一帯で、ここには江戸時代のままの松並木や、こんもりと土を盛った錦田の一里塚が道の両側に一対残されている。宿場町の時代そのままの姿を保つ一里塚は大変貴重であり、一九二二年に文化財として国の史跡に指定された。写真は明け方の錦田一里塚。塚の上に植えられたエノキが雄大なシルエットとなって浮かび上がる。

二極を結ぶ道は情報も早く伝えたが、人の生死もストレートに結ぶラインであった。

❖風土としての東海道

しかし何といっても、東海道が、今日の人びとがイメージするような「東海道」となったのは、十七世紀以降、江戸時代になってからである。

江戸と京都の間一二六里六町一間の距離に五十三の宿駅が定められ、各宿駅に三十六疋の伝馬が備えられた。

道中には一里ごとにいわゆる一里塚が築かれ、距離の測定が簡単にできた。

もっとも一里塚の建設は、早く豊臣秀吉が始めたものだという。例の太閤検地に象徴されるような計測主義は、秀吉の合理性を示すであろう。それと同質のものが一里塚といってよい。

そもそも長さは、人間、体で測るものであった。日本の歩《ぶ》だってヨーロッパのフィートだって歩幅や足の幅だし、

〔注7〕**日野俊基**　鎌倉時代末期の公家。?〜一三三二年。後醍醐天皇を助けて倒幕計画に加わったが、二度捕らえられ、後醍醐天皇の隠岐配流後、鎌倉で斬られた。

▼東海道ミニガイド
静岡県三島市—②
三島は古来「水の都」として知られてきた。富士山の雪解け水が一〇〇年あまりの歳月をかけて地下の溶岩の間を伝い、この地の随所で湧き出るためである。澄み切った清流は、歩いて箱根峠を越えた旅人の喉を潤したにちがいない。現在でも水を暮らしの風景に取り入れる活動が盛んなこの町では、町中いたるところで涼しげな水に出会える。

伏《ふせ》も束《そく》も尋《ひろ》も、みんな手を使ったものだ。

ところが体に関係なく、「これで一里だ」と長さを向う様から与えられることになった。与えられた側は、「はいそうですか」と従って歩くしかないが、逆に与えた方は、この計測ですべて、未経験のものまで全部把握してしまう。

一方、宿駅は、町がすでにほどよい距離をおいてあるわけではないから、今まで何もなかった土地に町並みをつくり、馬をおいて新たに宿駅を設けることとなった。一時、話題になった岐阜羽島駅は、その点伝統にかなっている（？）。

つまりこうなると道はすべて幕府が所有し管理するものと変容する。そうあってこそ、家康は江戸という都から遠いところにいても安心していられたのだろうし、そもそも行政家の家康にして、はじめて可能な道路管理だったといえよう。もう一里塚はバス停と同じで、駕籠や伝馬という路線バスを走らせさえすれば今日とひとしくなるのである。

しかし、この家康の管理道路によって、道は安定し、旅は予測可能なものとなり、多くの旅人が、とくに東海道を行き来した。

人が動けば物も生まれる。宇津谷《うつのや》峠の名物十団子《とおだんご》、丸子《まりこ》のとろろ汁など、各地の名物が旅人をよろこばせた。

◆源兵衛川は、江戸時代に小浜池の水を農業用に流すため作られた水路。近年は、湧き水の量が激減したため、工場の冷却水を流して美しい水辺の環境を整備している。

十団子《とおだご》も　小粒になりぬ　秋の風

森川許六

梅若菜　丸子の宿の　とろろ汁

松尾芭蕉

いまも新幹線に乗っていると各地の名産を売りに来る。あっぱれ江戸時代の伝統が生きていると思うと、うれしい。

そういえば、よく晴れて富士山が見えると、車掌がアナウンスでそのことを告げてくれることもある。この富士を東海道五十三次の最大の風景として描いたのが、江戸の浮世絵師・葛飾《かつしか》北斎であった。そして、北斎が端倪《たんげい》すべからずとして畏れた天才画家・安藤広重は、端正な画風によって東海道五十三次を画いた。

こうしてみると、江戸時代の東海道は大量の文化を生み出す源泉であったことに気づく。

もうこの段階の東海道は、信仰の道でも行政道路でもなく、情報ラインでもなければ管理道路でもなく、みごとに日本を代表する文化風土としての道であった。

それをつい一〇〇年ほどの昔として持つ現代人にとっても、だから東海道は妙になつかしい。いつだったたか、田辺聖子さんと話をしていた時、氏はこういわれた。

現代小説だと何処にある何会社の何とかさんって、むずかしいでしょ。だけど時代小説ってやさしいのよ。鳥追いが三味線を抱えて松並木を歩いていたって書けば、それでいいんだから。

私は聞いていて、ああ、と風景をすぐに思い浮かべることができた。その風景は東海道にちがいなかった。

［第1章］

つわものどもの東海道

ヤマトタケル

天空へと続く哀しみの彷徨

●中西進・文 text by Susumu Nakanishi

日本でもっとも古い東海道の旅の物語は何だろうか？
この疑問への答えは、意外なことに
古代史上の悲劇の英雄・ヤマトタケルに行きつく。
苦難を極めたタケルの旅は、
そのままわれわれ日本人の心の旅路となり、
今日の東海道の風景そこかしこにも、
その面影をとどめている。

連綿とつづく旅びと

五世紀といえば今から一五〇〇年以上も昔のことになるが、そのころ一人の皇子が東海道を大和から東へ向かって旅立っていった。

ヤマトタケルである。

じつは、『古事記』によると、その少し前、大和朝廷は三人の将軍を三方面に派遣して、それぞれの鎮撫にあたらせている。そのうちの一人建沼河別《たけぬなかわわけ》［注1］は、この時東方十二カ国を平定したという。十二カ国とは通説によると、

［注1］**建沼河別**
武渟川別とも。『古事記』では古代の豪族阿倍氏の祖先とされる。崇神天皇の命を受けて東海地方の平定にあたる。『日本書紀』では、この時派遣された将軍は四名とされ、「四道将軍」と呼ばれる。

伊勢　尾張　参河　遠江　駿河　甲斐　伊豆　相模　武蔵　総《ふさ》　常陸　陸奥

である。

この国々は、今日のわれわれから見ると甲斐や陸奥をふくんでいるから、東海道と多少ちがう様子もあるが、さてヤマトタケルがたどった国々も「東の方、十二道」だといい、事実、ヤマトタケルの活躍は、ほぼこの十二道で展開する。

タケルは父・帝《みかど》から東国の荒ぶる神がみを平定せよと命令される。そこでまず伊勢神宮へ行き、オバであるヤマトヒメから太刀と、火打ち石（火をおこすためにぶつける石のこと）の入った袋をもらって東国へと向かう。

尾張から相模へ出、走水《はしりみず》（浦賀水道）から総（今の千葉県）へ渡る。『日本書紀』では陸奥までも足をのばしたとある。

帰途は甲斐、信濃経由で尾張にもどる。この信濃だけがさきの十二道にふくまれない土地で、伊那から岐阜県の恵那に通じる山路を旅した。この道は奈良時代に大々的に官道として開拓されるから、古来主要な東国道の支線だったとみえる。

そののち東海道は何度か路線を変更するが、ほぼ右の範囲を出ない。そして都から東国へと、のちのちも多くの旅人が道を往き来する。都に不必要な人間だとわが身を感じた在原業平《ありわらのなりひら》［注2］、鎌倉幕府への直訴《じきそ》の旅に出た女性・阿仏尼《あぶつに》［注3］、西国まわりの上にさらに浅草の観音さま詣でをした女性・二条［注4］など。

［注2］**在原業平**
平安前期の代表的歌人。平城天皇の皇子阿保親王の第五子。情熱的歌人であったことが知られる一方、『伊勢物語』の主人公ともみられ、典型的な「色好み」の人物としてさまざまな伝説に彩られる。

［注3］**阿仏尼**
鎌倉時代の歌人。藤原為家の側室となったが、為家の死後、嫡妻の子・為氏と所領を争い、訴訟のため鎌倉に下る。その折の紀行文『十六夜日記』が代表的著作。

［注4］**二条**
後深草院二条とも。鎌倉時代の女性。宮仕えの後、退廷・出家。当時の女性としてはまれな、東国、西国への行脚を行った。宮廷生活の回顧から行脚の紀行までを記した『問はず語り』は日記文学として有名。

鈴鹿山麓の夕暮れ。はるか故郷、大和を偲びつつ亡くなったタケルは、白鳥となってこの空を飛んだ。

彼らはさまざまな目的をもって東海道を往復したが、そのまず最初の旅人は、ヤマトタケルである。

拠点としての伊勢と熱田

それではタケルの旅は、どんな様子だったのだろう。

じつは、はるかのちの江戸時代になっても、東海道は江戸と京都・大坂を結ぶ道路だけだったわけではない。例の弥次・北道中の『東海道中膝栗毛』だってお伊勢参りをしているように、ヤマトタケルの東国往復にも、伊勢神宮が大きな役割をになっている。

タケルが、まず伊勢の神につかえるオバから太刀と火打ち石をもらったことはすでに述べたが、これは焼津《やいづ》(相模の国とされている)で賊から殺されそうになった時に役立つ。

野原の中に入ったタケルを、賊は野に火を放って焼き殺そうとする。わが身に迫ってくる火を見たタケルは身のまわりの草を太刀によってなぎ倒し、火打ち石で火をおこして迎え火をつける。迎え火は賊の火を制してタケルは危機を脱する。

みごとに伊勢の神は、タケルの命を救ったのである。

どうやら道は、ただ平凡に一本線としてのびているのではないらしい。つねに原点があって、まるで輪ゴムをひっぱるように伸長はするがまた元へ戻る。そんな屈伸性をもっているらしい。その輪ゴムの手元が、伊勢である。

伊勢を故郷《ふるさと》と言いかえると、広く思いあたるものがあるだろう。旅は往くものではあっても、必ず帰るものと信じられており、つねにさし放たれる原点を、旅人は心に抱いていた。

ふつうその原点は日ごろ住みなれた生活圏である。「住む」とは、そこで心が「澄む」ことであった。

個人にとっては故郷であるこの原点が、タケルにとっては伊勢の神だったとは、タケルが日本人の代表だったことを意味している。

その証拠に、のちのちの日本人がみなお伊勢参りに東海道を下ることになる。江戸時代、娘はみんなお伊勢参りをしたがる。金のない父親は、困って『伊勢物語』を買ってきて、これを読んでお伊勢参りの代りにしろといったという笑い話

▼東海道ミニガイド
三重県四日市市～鈴鹿市――①
東海道第四十三宿の四日市。今日では、臨海コンビナートが林立する日本有数の重工業地帯である。この町に旧街道の面影が偲ばれると言ったら、驚く人も多いだろうか。しかし、四日市から次の宿場である鈴鹿市石薬師町にかけて、ほぼ国道1号線沿いに付かず離れず残る旧東海道には、往時の面影を偲ばせる家並みや史跡が残る。

がある。

　幕末のころには伊勢への「お蔭まいり」がはやる。「ええじゃないか」といいながら、暴徒まがいの集団と化した民衆が明治になってもなお、伊勢を目がけておし寄せた。

　これほどに伊勢が中心となるのはなぜだろう。まるで東海道が巨大な伊勢神宮の参道であるかのように殷賑《いんしん》をきわめるのは、大きく千年の歴史を屈伸する輪ゴムの原点が伊勢にある、ふしぎな日本人の心を東海道が担っているからである。三〇〇年前に江戸へと先祖が下っていった人びとの子孫は、やはり輪ゴムによって伊勢へよび寄せられるのである。

　ところで、もう一つ、似たような構造を感じることがある。

　江戸時代になって完成する東海道五十三次の中に宮という宿駅がある。いまの名古屋の、熱田神宮をもって名づけられたものである。

　そもそも日本中に神社はどれほどあるだろう。早い話、伊勢の社だって神宮なのだが、熱田神宮が東海道を代表する神宮であった。

　また、この地は地名・熱田をもってよばれてもよいのに、なぜ宮とよばれるのか。それほど、この地を代表するものが熱田神宮だったと思わなければならない。

　じつは、このこともヤマトタケルに深く関係する。

◆四日市駅周辺から国道1号を三キロほど石薬師方向に向かい、一本右手を通る旧街道に入ってみる。心なしかただよう甘いお醤油の匂い。このあたりには、昔は五十軒近くの造り醤油屋があったとか。現在残るわずか七～八軒のうちのひとつ式井醸造は、大正五年に販売を開始し、現在四代目を数える。三重・愛知・岐阜の東海三県で好まれる、独特の濃く少し甘みのある「たまり醤油」のほか、煮物が綺麗に仕上がる「白醤油」などが長年お得意さんの舌をうならせてきた。新しくても昭和初め頃のものという杉の大樽が並ぶ蔵で醸された味わいは、醤油造りにかけた思い

タケルは東国へ足をふみいれて、まず尾張の首長の娘、ミヤズ姫の家に入る。ミヤズ姫は、どうやら熱田の神に奉仕する女らしい。

タケルはここで結婚を約束し、帰路にその実現をはたす。

ところが、この結婚話のところ、『古事記』ではふしぎなことが書いてある。姫の襲着《おすい》に月のさわりのものがついていた、という。襲着とは、普段の着物の上に重ねる礼装のことで、姫が神につかえる女であることを示すが、さて、結婚の折に姫が月のさわりであったことをめぐって、二人は歌の贈答をする。タケルは「月が立っている」といい、姫は「あなたを待ちかねて、月が立ってほしいと思った」と。

そもそも神を祭る女は俗人との結婚が許されない。神の妻なのだから不犯《ふぼん》が条件である。その姫がいま人間とまじわるのだから、通常はまじわりを慎むべき折でなければならないだろう。子どもなどの出産は、もっての他である。

そこで月のさわりのおかげで二人は無事結ばれることとなる。

タケルは姫と結婚したばかりか、ここに太刀をあずけて伊吹山の神を平定しにいった。その結果、伊吹山の神に敗れ、ついに死を迎えることとなる。

あの焼津でタケルの命を救った太刀は、タケルの命の依《よ》り代《しろ》だといってもよいだろう。それをあずけた姫とは、タケルの命の根源でもあったと思える。

かくして熱田神宮は今でもタケルの命ともいうべき太刀――草薙《くさなぎ》の剣《つるぎ》を祭って

を穏やかに語る先代主人の人柄ともあいまって、まことにまろやか。

式井醸造（有）／三重県四日市市泊町12―3 ☎0593（45）3483 写真は左から看板商品の「白しょうゆ極」「伊勢蔵天然浅五分たまり」「伊勢豆みそ」

いるのだから、タケルの東国の旅の大きな拠点の一つとしての熱田神宮が、のちのち宮とのみよばれ、東海道を代表する神の社となっていることの原点は、タケルの故事にある。

どうやら東海道は、ここでも深くヤマトタケルと結ばれていて、タケルの千年の歴史を今も濃密にたたえているらしい。

ちなみに、熱田神宮は近くに白鳥陵をもつ。白鳥陵とはタケルのお墓のことで、他にもいくつかあるが、その一つをここにもつことも、熱田とタケルの絶ちがたいきずなを示すものであろう。

旅の変身願望

タケルは伊吹山の神に敗れ、以後敗退の途をたどって、なくなる。

このこともまた、はなはだ暗示的である。

伊吹山は北陸からの風をまともに受けて、冬は早ばやと雪景色をまとい、豪雪を積み上げて新幹線の運行をさまたげる。

一方、新幹線はとてもありがたいことに、伊吹山のすぐ横を通るから、四季折おりの山容を見ることができる。

夏はきわめて平凡な、むしろ醜いといっていい表情である。しかし一旦冬とも

▼東海道ミニガイド
三重県四日市市〜鈴鹿市──②
お醤油の泊町のすぐ南に、「日永の追分」と呼ばれる、東海道と伊勢参宮道の分岐点がある。四日市方面から見て、右手に延びる国道が東海道、左手の県道が伊勢道である。分岐点の中洲に立つ伊勢神宮二の鳥居は、東海道を行く人もここから伊勢神宮を遥拝できるようにと一七七四年に建てられて以来、二十年ごとの伊勢神宮遷宮の際に神宮の古材を使って建て替えられる。写真は、鳥居とその前にある道標。

なると表情はきびしく、それほど高くもない山がどうしてこんなに猛威をふるうのかと思うほど、険しく気むずかしく、容易に人間と妥協しない。山の東も西も、白一色に塗りこめられ、物音さえも抑えこまれたように、沈黙の中にとじこめられる。

情けないことに私はこの山に登ったことがないが、山は信仰にみちているときく。

そして名古屋の知人によると、名古屋の市街にまで、伊吹おろしが吹くのだという。晴れた日にはビルの屋上から、山頂が望めるともきいた。何しろ「いぶき（息吹き）山」である。神の呼吸ははげしく、風をも雪をも十分に操作するのであろう。

ヤマトタケルがこの山の神に敗れたという話を現代に移すと、新幹線が動かなくなった、という話になる。

われわれも新幹線で伊吹山のほとりを通る時は、ヤマトタケルにならないように、祈らなければならない。熱田神宮へのお参りが必要かもしれない。

さてこれは、東海道の一つとして美濃路を通るときの話だが、古来の東海道は、江戸からは、より多く鈴鹿をこえて京へと進み、さらに大坂へも到達した。

この鈴鹿ごえはヤマトタケルと無縁なのだろうか。いや、無縁どころか、伊吹

◆石薬師方向に国道1号をさらに南下、鈴鹿川の支流・内部川を渡ってすぐ左に、小高い山が見える。これを越えるのが旧東海道のルートであり、その急な坂道を杖衝坂（写真右）という。名は、ヤマトタケルが瀕死の重症を負い、血を流しながら杖替わりの剣を衝いてようよう登ったことに由来する。坂の頂上には、タケルがここで怪我の血を封じたとされる血塚社（写真左）もある。

山で行手をさえぎられたタケルは、鈴鹿をこえて大和へ帰ろうとする。

しかしその足どりは重い。

生死の間をさまようタケルの意識が少し戻ったのは「玉倉部の清泉《しみず》」においてだったという。いま、滋賀県の坂田郡醒井《さめがい》がそれだといわれている。

そして当芸《たぎ》（岐阜県養老郡）、杖衝坂《つえつきざか》（三重県四日市市）、三重を経て、ついに能煩野《のぼの》（三重県亀山市）で落命する。

これは要するに鈴鹿峠をこえようとする道で、それこそ宿駅の関をとおる、主要な東海道のルートに近い。

もちろん道は地形に左右されるものだし、そうそう多様でないことはとうぜんだとしても、峠がこれだけしかないわけではない。むしろのちのちの東海道が、ヤマトタケルの足跡をそう多く外れないということは、たいへん興味深いではないか。

さきに宮という宿駅の名前を問題にしたが、こちらも関という宿駅をもつ。関所など東海道には無数にあるのに、ここが代表的な関であるという。その手前でヤマトタケルは行手を遮られたのである。ヤマトを名に負う英雄をヤマトに帰さない関門として歴史に名をとどめる地を、東海道は関とよぶのである。

それにしても、ヤマトタケルの最後は美しい抒情にみちている。

▼東海道ミニガイド

三重県四日市市〜鈴鹿市—③

石薬師町を過ぎ、加佐登という町に入ったら、いったん国道一号（東海道）のルートをはずれ、北側にひかえる加佐登調整池という人造池を目指そう。その脇にある加佐登神社と白鳥塚古墳、二つのヤマトタケルゆかりの地を訪ねるためである。加佐登神社は、タケルが死ぬまで携えていた笠と杖をご神体として祀る神社（左ページ上写真）。すぐ隣の白鳥塚古墳は直径約七十メートル、三重県最大の円墳である。いくつかあるタケルの墓といわれるもののひとつ（写真左、塚の前に立つ碑文）。周辺は、広漠とした、空に向かって突き抜けてゆくような風景に満ちており、タケルの最後を偲ぶにふさわしい土地である。

足どりもおぼつかなく能煩野に到って、旅は途絶える。能煩野とは高い土地の野という意味であろうが、この語感は何やらしだいに現し身が希薄になっていく過程を言うように思える。

すでに意識も失いかけ、それを清泉でとり戻したほどであった。そしてついに命の危機がおとずれ、やがてタケルは白鳥と化して天空へと飛び去る。

タケルは能煩野で故郷をしのび、故郷の賛歌をうたう。例の「大和は　国のまほろば　たたなづく　青垣　山隠れる　大和しうるはし」という歌その他である。

そしてミヤズ姫への愛を歌う。

タケルの死を知った故郷の人たちは、能煩野にかけつけてくる。

すると葬ったはずのタケルの陵から大きな白鳥があらわれて天《あま》がけってゆく。人びとはその後を追う。

舞台は海浜にかわって、人びとは白鳥を追い、海に入り磯をつたう。

そして白鳥は河内の志幾《しき》(大阪府羽曳野市周辺)にとどまったというが、『日本書紀』ではさらに、大和にも一旦とどまり、この地にも陵を造ったという。

これらをみな白鳥陵という。以前私はこれら四つの白鳥陵をたずねる旅をしたことがある。

律義に考えれば、白鳥が飛び立ったのだから、亡骸のない陵が三つあるはずだが、そんなことはどうでもよい。

むしろ旅路のはてに現し身を終えた人物が、白鳥となって地上の足どりの姿を変えたという物語こそが、旅というものの中心の姿を語っていると思うべきだろう。

今のような安楽な旅とちがう古代にあっては、無事の生還はむしろ希だった。旅に死ぬ――客死こそがふつうだったろうが、それは昨今なくなったとしても、旅というものがもつ、何らかの変身体験は、否定できないだろう。

白鳥になりたい、――そう思う願望はないだろうか。もしかしたら白鳥となって現実の体が変ってしまうかもしれない、――そう思う不安はないだろうか。

旅がもつ変身願望や化身への不安までふくめて、ヤマトタケルはやはり東海道の旅人の第一号だったのである。

徳川家康

狸親爺の道路戦略

●小和田哲男・文 text by Tetsuo Owada

一般に、天下泰平の三〇〇年といわれる徳川時代。
この基礎を築いた初代徳川将軍・家康は、
東海道に生まれ、東海道で戦い、
そして東海道を手中に収めた人物として、
この道の歴史上、
数少ない覇者と言えるのではないだろうか。
その卓越した政治構想を、
ここに垣間見ることにしよう。

【戦国時代の道路事情】

わが国の戦国時代は、十五世紀の終わりごろから十六世紀末まで、およそ一〇〇年間ほど続いた。「戦国百年」といわれるのはそのためである。

その「戦国百年」に、全国でおよそ一五〇ほどの戦国大名家が登場している。「戦国百年」を生き抜いた大名家もあるが、多くは、弱肉強食といわれるきびしい状況のもとで淘汰され、数は減っていった。

そして、今度は、地方を代表する形の強豪大名が、全国制覇をめざしてしのぎ

静岡県西部を流れる天竜川。浜北大橋から水面をのぞむ。

を削ることになる。

当然のことながら、武将たちは、敵から自国をいかに守るかに神経を使い、さまざまな手段を講じている。戦国家法で、「隣国の者と勝手に通婚してはいけない」と定めていることなどはその好例といってよい。

防御のためには、多少の不便も我慢しようというのが戦国時代であった。そのことを端的に示しているのが、そのころの道路事情の悪さである。

道が広くまっすぐだと、敵の大軍に一気に攻めこまれるおそれがある。そのため、道は狭く、しかもくねくね曲がりくねっていた。それだけではない。大河川だけではなく、中小河川もほとんど橋は架かっていなかった。河川を天然の堀として利用しようとしたからである。

江戸時代の軍学者の定義に従えば、「堅固三段」といって、城を築くとき、国堅固の城、所堅固の城、城堅固の城という三つを兼ね備えたものを理想としていた。国堅固は、領国全体が山や川に守られていることをいい、所堅固は、城の近くの地形が要害であることをいい、そのようなところに堅固な城を築けば容易に落とされることがないと考えていたのである。そのため、道は狭く、曲がりくねっていて、川には橋が架けられていなかった。

そうした一般的な道路事情にまっこうから立ち向かったのが織田信長である。信長は、道幅を広げ、まっすぐにし、しかも、川に積極的に橋を架けていった。

信長が意図したのは、道路事情をよくすることによって商品流通を盛んにし、それで得た財源で兵を雇い、武器を買い、道路を広くするなどして生じたマイナス分を帳消しにしようとしたところにある。信長はバイパスも作り、また、並木道も作っている。

実は、家康は、この信長の同盟者だったのである。信長の先進的な道路政策を、比較的近いところでみており、学んでいた事実は、その後の家康の東海道整備をみていくときに忘れてはならないと思われる。

「川に橋を架けさせなかった」というのは本当か

信長譲りの道路政策を踏襲したはずの家康であるが、信長と家康とで大きくちがっている点が一つある。架橋についてである。

これまで、信長は積極的に橋を架けさせたのに、家康は防衛上の観点から、わざわざ川に橋を架けさせなかったといわれてきた。果たして、それは本当なのだろうか。

家康が、「東海道の大井川や天竜川などに橋を架けるな」という命令を出していたなら何も問題はない。ところが、今日、そうした命令を記した文書はもとより、そのような命令が出たということを明確な形で示している史料は一つも存在しない。

そこで問題となるのは、家康が防衛上の観点から橋を架けさせなかったという通説がどのようにして生まれてきたかである。私は、駿河大納言忠長改易事件とのからみで語られるようになったのではないかと考えている。

駿河大納言忠長というのは、三代将軍家光の弟である。駿河・遠江二カ国約五十万石を領し、官位が従二位・権大納言だったので、世間から「駿河大納言」とよばれていた。

その忠長が、寛永三年（一六二六）七月、家光の上洛にあたり、大井川に浮橋を架けた。浮橋は船橋ともいわれるように、川面に船を浮かべ、それを綱でしっかりつないで、その上に板を渡しただけの臨時の仮橋である。しかし、結果的にはそ

▼東海道ミニガイド
静岡県磐田郡豊田町
◆徳川家康によって特別な保護を受けた、天竜川・池田の渡しの旧跡を訪ねた。今は広い河川敷の「池田の渡し公園」としてその名をとどめ、毎年5月の長藤まつりに渡船の様子が再現される。また、池田は五十三次には含まれないが、古来から知られた宿場。謡曲『熊野（ゆや）』は、ここの宿の長者の娘・熊野が主人公の人気曲だが、舟渡し跡に隣接する行興寺に、故郷に戻った熊野と母のお墓が仲良く並んでいる。

のことで忠長は家光の不興を買い、ほかの理由もあって、改易され、ついには自刃に追いこまれることになった。

そのときの家光のいい分が、徳川幕府の正史である『徳川実紀』[注1]に載っている。

> それ箱根・大井の両険は、関東鎮護第一の要地なりと、神祖にも今の大御所にも常に仰せられる所に、かく浮橋を渡し、諸人往来の自由を得しむる事、言語道断の所為《しょい》。

ここに、「神祖」とあるのは家康、「今の大御所」とあるのが二代秀忠である。つまり、家光は、「祖父家康も、父秀忠も、大井川は関東防衛の要地だと常にいっていた。そこに橋を架けるのはなにごとか」と、忠長にかみついたことがわかる。おそらく、こうしたことが下敷きになって、「関東防衛のため、大井川・天竜川には橋を架けるなと家康が命令をした」といういい方になっていったのであろう。しかし、家康が命じたことを論証する史料はみつかっていない。

私は、架けさせなかったのではなく、当時の技術力では架けられなかったのではないかとみている。いまの静岡県域を流れる大井川・天竜川・安倍川・富士川は、いずれも東海型河川といわれ、ふだんは水量が少ないが、上流で豪雨があったりするとすぐ急流となり、木造の橋は流されてしまい、永久的な橋は無理だったものと思われる。そこで、大井川・安倍川は「自分越し」といって、浅瀬を探

[注1] **徳川実紀**
家康から家治に至る、徳川家十代の歴史書。将軍ごとに年月を追って叙述される。一八〇九～四九年にかけて撰修された。近世史研究の根本史料の一つ。

◆行興寺の奥には、謡曲ゆかりの地として、立派な能舞台を備えた「熊野伝統芸能館」がある。企画の能公演のほか、貸し舞台、能楽ワークショップなど、地域の歴史をふまえて文化活動を行っている。

して渡る渡渉《としょう》の仕方が一般化し、天竜川・富士川は渡船制度となったのである。

天竜川の渡船についてはおもしろいエピソードがある。

元亀三年（一五七二）十二月、武田信玄二万五〇〇〇の大軍が家康の居城浜松城を攻めようとして、城の北西にあたる三方ヶ原で戦いとなった。有名な三方ヶ原の戦いである。その前哨戦が十月に、天竜川の東岸でくりひろげられたが、そのとき、天竜川に面する池田で渡船業を営んでいた「船守」たちは、徳川軍のみを輸送し、武田軍には一艘の船も使わせなかった。そのため、武田軍の追撃をうけることなく、徳川軍は兵を引くことができたのである。

家康は、この「船守」たちの行為に感謝し、翌年、「遠州天龍池田渡船の事」という文書を「船守」中宛に出し、徳川軍を援護した「船守」たちだけに、その後の営業を許可している。そして、このときの特権が、宿駅制度が確立したあとも、ずっと維持され、明治に至っているのである。

家康による東海道整備の意味

慶長五年（一六〇〇）九月十五日の関ヶ原の戦いで勝利した家康が、まっ先に着手した政策は東海道の整備だった。ほかにたくさんやらなければならなかったことがあったはずの家康が、ほかのことはさておいて、東海道の整備に乗り出したの

◆川べりの民家の間には、いつごろのものか、かわいらしい火の見やぐらが……。

▼**東海道ミニガイド　静岡県磐田市**

◆天竜川東岸の磐田市は、かつて東海道第二十八宿「見付」として栄えた。宿場を思わせる町並みはほとんど残らないが、意外にもユニークな近代建築に出会えるのが面白い。

はどうしてなのだろうか。

そのことを考える前に、東海道整備の実態をみておきたい。

家康は、慶長六年（一六〇一）正月、江戸と京都を結ぶ東海道に宿を設定した。いわゆる「東海道五十三次」であるが、このときはまだ五十三次ではなく、元和四年（一六一八）の箱根宿、寛永元年（一六二四）の庄野宿の設定によって五十三次となっている。

ちなみに、五十三宿を五十三次というのは、宿で伝馬《てんま》の継立《つぎたて》が行われるからである。宿には、はじめのうち伝馬三十六頭、のちには一〇〇頭を常備することが義務づけられ、伝馬朱印状を持つ公用物資については、無料で次の宿まで継ぎ送ることが課せられていた。もちろん、そうした義務の反対給付として、公用以外の物資の運搬をして駄賃稼ぎをする権利が与えられ、さらに、宿内における旅籠屋営業権も与えられていたのである。

家康にゆかりの深い浜松城。「野面（のづら）積み」の石垣が特徴的。

◆古くから文化的にも豊かであった土地柄ならではの白亜の木造洋風校舎（右）。旧見付学校は明治八年築、現存する木造洋風校舎では日本最古。棟梁は当時名声を誇った宮大工・伊藤平左衛門だった。内部は教育資料館として見学可能。
☎0538（32）4511

これを東海道宿駅制度というわけで、家康が、江戸と京都を結ぶ天下の大動脈東海道を掌握し、東西交通を一元的に管轄したことになる。

ここで、家康が、諸政策に先がけて東海道の整備に着手した理由について考えてみたい。慶長六年というのは、家康はまだ豊臣体制の中にあり、五大老の一人にすぎなかった。その二年後の慶長八年（一六〇三）に征夷大将軍に任命され、江戸に幕府が開かれるわけで、家康は、武家政権の中心を江戸に置くことを想定し、朝廷のある京都とを結ぶ「政治の道」として東海道を整備したものと思われる。

さらにもう一つ理由があった。大坂対策である。関ヶ原の戦いで、西軍を破ったとはいえ、大坂城には淀殿[注2]・秀頼母子が健在だった。大坂方では、依然として家康のことを「天下の家老」としか考えておらず、秀頼が成人すれば、再び関白豊臣政権が復活するとみていた。

一方、家康は、「天下は実力ある者のまわりもち」と考え、秀頼への政権の世襲を認めておらず、早晩、大坂方と戦いになることを想定していた。その際、いかに大軍を早く関東から上方に輸送できるかが勝敗を分けるとみて、東海道を整備したという側面もあった。「軍事の道」ということになる。

◆旧赤松家の門。明治二十五年頃の築。塀、門番室つきの門、土蔵が一体となったユニークな造り。海軍中将であり造船技術の先駆者だった赤松則良邸の門で、三和土（たたき）と煉瓦が併用されたデザインは明治建築の特徴のひとつを示している。磐田市見付町。磐田天竜線に面し、市立図書館の北側にある。

☎磐田市教育委員会文化財課 0538（32）9699

「庶民の道」への転換

事実、慶長十九年（一六一四）の大坂冬の陣のとき、十月十一日に駿府を発した家康の軍勢が二十三日には二条城に入っており、同二十三日に江戸を発した秀忠率いる大軍も十一月十日には伏見城に入城しており、このときの東軍総勢二〇万という数を考えると、東海道の「軍事の道」としての威力が発揮されたといえる。

「軍事の道」としては、さらに翌年の大坂夏の陣、寛永十四年（一六三七）から翌年にかけての島原の乱で利用されるが、そののち、東海道は急速に性格を変えていく。「政治の道」「軍事の道」としての側面が弱くなり、「庶民の道」へと転換していったのである。

もっとも、「政治の道」が全く影をひそめてしまったわけではない。三代将軍家光が、寛永十二年（一六三五）六月に改訂「武家諸法度」[注3]を定め、諸大名に参勤交代を義務づけたことは、東海道が依然として「政治の道」であることを印象づけるものであった。とにかく、参勤交代で東海道を利用する大名は、全大名のおよそ三分の二で、その数一五〇を超えていた

[注2] **淀殿・秀頼母子**
淀殿（一五六九〜一六一五年）は浅井長政の娘で豊臣秀吉の側室。秀頼（一五九三〜一六一五年）を産み秀吉に寵愛される。親子とも大坂夏の陣で徳川方に敗れ自刃。

▼**東海道ミニガイド**
静岡県浜松市
◆浜松城は別名出世城。家康はここで若き日の十七年間を過ごし、また、ここに在城中には生涯最大の敗戦となった「三方ヶ原の合戦」を経験するなど、思い入れの深い城だったに違いない。上写真は城内にある「若き日の徳川家康公」の像。

[注3] **武家諸法度**
江戸幕府が武家統制のために定めた基本法。最初のものは一六一五年に発布された十三条。三代家光のとき十九条となる。違反者は厳罰に処され、特に初期は諸法度違反がたびたび改易の理由とされた。

こともあり、交通量が増大した。

こうしたこともあって、次第に東海道は整備され、治安もよくなり、それにつれて、今日の観光旅行にあたる庶民の「物見遊山」も飛躍的に増加することになった。

社寺への参詣では「お伊勢参り」、すなわち、伊勢神宮への参詣が大流行し、ほぼ六十年周期でめぐってくる「おかげ参り」[注4]のときは、東海道は人でごったがえしたという。

さらに、十返舎一九の『東海道中膝栗毛』がベストセラーとなって多くの人に読まれ、歌川広重の「東海道五十三次」が出されると、さらに、人びとは東海道を身近なものとしてうけとめるようになったのである。

[注4]**おかげ参り**
江戸時代に数回おこった伊勢神宮への大量群参。発端は神符が降ったといったうわさで、各地から参拝のため群衆が伊勢へ押し掛けた。一八三〇年には約四三〇万人が群参したとされる。

源頼朝

情報は戦いを制す

●関 幸彦・文 text by Yukihiko Seki

「お手本なき時代」中世に、
都から離れた地・鎌倉に幕府を開いた源頼朝。
これを機に、日本の政治は
西と東の二極をめぐる動きへと変化してゆく。
なぜ、頼朝は新たな幕府の地に鎌倉を選んだのか？
そして政権を確立させることができた要因は何だろうか？
「鎌倉殿」と呼ばれ、権力を手中にした頼朝の戦略を、
当時の一大インフラ・東海道にさぐる。

【東海道の主、頼朝】

平氏が滅亡して間もない世情不安のおりのこと。源頼朝のブレーン・大江広元《おおえひろもと》が次のように進言した。

「天下に反乱をたくらむ者が出没しています。東海道の内にあっては頼朝公がいて、治まっていますが、地方では騒乱が絶えません。その度に東国から軍を派するのは人々の煩いともなりましょう。ですからこの際、守護・地頭を設置してはいかがでしょうか」と。

名越（なごえ）切り通しに続く道。いにしえの姿そのままだ。

文治元年（一一八五年）十一月のことである。『吾妻鏡』[注1]がのせるこの文章こそ、広元による守護・地頭設置の献策とよばれるものだった。そこには、幕府のお膝元の鎌倉がある東海道は、頼朝の威令が行き届くが、それ以外の地域では、反乱の分子も多かったということだろう。

右の提言がなされた段階は、頼朝の伊豆での挙兵から五年後のことだった。当初、謀反《むほん》の政権としてスタートした鎌倉幕府は、この間、京都から相対的に自立するまでに成長していた。

二年前の寿永《じゅえい》二年には、宣旨により東国の支配を認められるまでになっていた。右の守護・地頭設置は、そうした鎌倉側の自信に裏打ちされていた。頼朝は明らかに東海道にニラミをきかせる王者として、君臨していた。

ところでここでいう東海道は江戸時代のような街道ではない。五畿七道制[注2]にもとづく行政区画の一つの呼び方だった。日本六十六カ国のうち、常陸国《ひたち》（茨城県）か

▼東海道ミニガイド
神奈川県鎌倉市―①

◆平安時代までの東海道は、足柄峠を越え、内陸部を通っていた。やがて中世に鎌倉に幕府が置かれるようになると、箱根の山を越えて、海沿いに鎌倉の脇を通るようになる。江戸時代の東海道は、再び鎌倉を通らないルートとなるが、長い道の歴史のなかで、鎌倉もその一部であったことは興味深い。

[注1]**吾妻鏡**
鎌倉幕府の事跡を記した史書。十三世紀後半から十四世紀はじめごろにかけて家臣によって編集されたとみられる。

[注2]**五畿七道制**
律令制度下における行政区分の名称。

ら伊勢・志摩（三重県）にわたる旧十五カ国がそれだ。おおむね海に接する地域である。

頼朝は王朝国家との対抗のなかで、この東海道地域をわがものとしたのだった。東海道諸国のひとつ、相模国に位置する鎌倉は、軍事上の要地でもあった。その意味で鎌倉を抱く東海道は武家にとって支配の拠点だった。考えてみれば、東海道の「東」と「海」にそれなりの歴史性が宿されているようだ。

「東」と「海」が語るもの

まずは「東」とのかかわりである。頼朝の鎌倉幕府は、しばしば「関東」あるいは「坂東」の政権とよばれた。このうち「関東」とは、元来は三関（伊勢の鈴鹿《すずか》関・美濃の不破《ふわ》関・越前の愛発《あらち》関）より東の地域の呼称だった。関とは聖なる王権が所在する地域（畿内）との堺である。

古代の国家は中国的な文明尺度を採用した結果、都（中央）から離れた東方の世界を「東夷《とうい》」の地として警戒した。「関東」はその限りでは、一種の異域とされた。この「関東」の地域概念はその後少しずつ狭められ、平安時代の後半くらいには、「坂東」とほぼ同じ範囲となる。

「坂東」とは、足柄《あしがら》坂（駿河と相模の間）と碓氷《うすい》坂（上野と信濃の間）から東に対する呼

◆武士の都・鎌倉の象徴、鶴岡八幡宮。祀られる武神・八幡は頼朝によって勧請された。

◆鶴岡八幡宮の裏手にある頼朝の墓。

武家の都の精神的拠り所となった鶴岡八幡宮。

称である。

いずれにしても頼朝の時代には、今日わたくしどもが用いる関東＝坂東の範囲が定着する。

そのように考えると、頼朝の鎌倉開府がもたらしたものが何であるかも見えてきそうだ。要は古代国家が奈良・京都を中軸とした一極型の中央集権国家であるのに対し、「天下草創」というなかで樹立した頼朝の武権は、新たな権力体を用意したことだった。

中世という時代は、かつて異域とされた東国に新たな光源体を誕生させたことだったのではないか。王権に対比されるべき武権が、この東海道から出発したことに、あらためて想いを致すべきなのかもしれない。

それでは「海」についてはどうか。武家の都鎌倉は海に面している。この海を自己の政権の射程に入れた先駆者は同じく武家の平清盛だった。摂津の福原（現在の兵庫県神戸付近）がそれだ。古代の日本は海への恐怖があった。飛鳥の地も、藤原京とつづく平城・平安京いずれもが、海から隔絶された地につくられた都市である。

その点では中世という時代は、海がもたらす富の交易性に注目した時代といえそうだ。清盛が日宋貿易[注3]により実現しようとした福原の夢は、同じく武家の頼朝が鎌倉の地で育むことになる。

武神八幡を背負う形で鎮座する、鎌倉の鶴岡《つるがおか》八幡宮。ここから由比ヶ浜にむけて若宮大路がのびている。これは、京都の朱雀大路に対比されるべき武家の都の象徴でもあった。

悲劇の将軍とされる源実朝[注4]は、かつてこの鎌倉の海から渡宋をこころみた。宋人陳和卿《ちんなけい》に命じて建造させた大船は、進水に成功せず、実朝の夢は潰《つい》え去ったが、鎌倉の地が東アジア世界に通じていることを感じさせる。

【鎌倉殿頼朝の構造改革】

頼朝が鎌倉に拠点を定めたのは、理由があった。父祖頼義との縁もさることながら、鎌倉は東海道での戦略上の要地でもあったからだ。北方の奥州とも王朝の京都とも相応のへだたりがあった。とりわけ早馬にして京都から三日程度という程よい距離に意味があった。近すぎず、そして遠すぎず。東国の雄たる鎌倉殿と

[注3] **日宋貿易**
平安中期から鎌倉中期の、日本と中国の宋との貿易。十二世紀後半に平清盛は、福原に隣接した大和田泊を改修して貿易をおおいに進めた。

[注4] **源実朝**（一一九二〜一二一九）
鎌倉幕府第三代将軍。頼朝の次男。十二歳で将軍となるも、若くして兄の子公暁（くぎょう）に暗殺される。

して君臨するための条件は、こんなところにもあったにちがいない。

京都の王朝勢力に対しては、未知なる恐怖を噂として流すにも、よい距離だった。「座せる智者」頼朝は、動かぬことで京都の動静を知ることができた。

頼朝の卓越さは、この京都との地理的距離を政治的距離に変換させたことだった。つまり権力に包み込まれずに自立できる形を留保する。こんな想いが鎌倉殿たる頼朝にはあった。

例えば源平の争乱の最中、京都の王朝勢力はさかんに頼朝の上洛をうながした。平氏から木曾義仲[注5]へと京都での武力の担い手が代わるなか、頼朝への期待も日増しに高くなっていった。義仲に代わるべき新たな主役を王朝側は求めたが、未知なる頼朝への彼らの期待にもかかわらず、彼は鎌倉を離れなかった。

その頼朝が鎌倉を離れ上洛したのは、奥州藤原氏討滅後の建久元年（一一九〇年）十月のことだった。内乱が終息したこの時期、頼朝はついに王朝側との〝握手〟のために上洛する。後白河院をはじめとする王朝側は、武家の首長たる頼朝に権大納言《だいなごん》、右近衛大将《うこのえのたいしょう》の官職を授与した。官職を授与することで、鎌倉殿に象徴された私的な権力を公権に組み込もうとしたのだった。

だが、頼朝はこの両職を授与されるや、間もなく辞職した。このあたりに頼朝という人物の絶妙な政治性が見て取れるようだ。つまり王朝側の申し出を拒絶す

[注5] **木曾義仲**（一一五四〜一一八四）
正式には源義仲。平安末期の武人。平氏追討の兵を挙げ、一時は頼朝・平氏と全国を三分したが、征夷大将軍に任ぜられた直後敗死。

るのではなく、あくまで一担拝領したうえでの辞職なのであった。

しかし、両職に就任した事実は、東国の御家人に対しての権威づけに一役も二役もかった。頼朝は以後「前右大将家」「前将軍家」といった肩書を巧みに利用するのである。

王朝との間に横たわる鎌倉の地理的距離が、政治的距離へと変換されたことの意味とは、右のことからも了解されるはずだ。それは鎌倉殿たることへの自覚にもとづく政治的距離でもあった。王朝（王権）に対抗し得る双極型の権力構造を東国に造り出したこと。鎌倉殿頼朝の大いなる役割の一つはここにあった。

勝利の方程式――すべて情報は勝利に通ず

それでは、構造改革の先駆者ともいうべき頼朝は、いかにして「天下草創」をなしとげたのか。どの時代でも事の成否は、やはり情報の収集、そして分析である。頼朝も例外ではなかった。

頼朝に挙兵の決断をもたらしたものは、後に幕府の法曹官僚として活躍する三善康信からの書簡だった。乳母《めのと》関係の縁もあって康信は、京都の情勢を定期的に書き送っていた。そこには以仁王と源頼政の挙兵が失敗し、諸国の源氏への追討の手がのびている状況が伝えられていた。

▼東海道ミニガイド
神奈川県鎌倉市―②

◆前面は海、三方は山に囲まれた地・鎌倉は、防衛的にも優れた都市であった。とりわけ内陸部からは、急な山肌を削ってつくられた切り通しを通らねば市街に入れず、大勢でいちどに通行するのはほぼ不可能であった。「鎌倉七口」といわれるいくつかの切り通しのなかでも、逗子方面へ向かう名越切り通しは、幅も大変狭く、当時の面影をよく留めている。

そうした情報が頼朝の決断をうながしたに違いない。開府以後のことになるが、『吾妻鏡』には頼朝は有名な守護制度を整えるかたわら駅制にも意を尽くしたことが記されている。京都と鎌倉間の情報ルートの整備の一環だったのだろう。

頼朝はたしかに卓越した情報収集家だった。辺境とされた坂東の地にありながら、木曾義仲の動向も、平氏の動きも、あるいは奥州藤原氏の事情も、すべてにわたり正確な情報を掌握していたようだ。

平氏の敗北は、頼朝に関する情報収集の遅れによることも否めなかったようだ。明らかに反乱当初の頼朝に対する平氏側の情報は不足していた。この不足がその後の内乱の行方を決定したともいえる。〝情報が戦いをも制する〟。このことが真実となったのが、他ならぬ源平の争乱だった。

お手本なき時代、中世

そこであらためて頼朝とは何か。

この設問には、さまざまな角度からの解答が用意されるはずだ。すでにふれたように、武権を東国に樹立することで、一極型の権力集中の弊害を除いたこと、いわば王権に対抗し得る武権を東国という場に用意したことも大きい。かつての西高東低型の権力配置を転換させたこと、少し難しい言い方をすれば、そうなる。

▼東海道ミニガイド
神奈川県鎌倉市―③

◆鎌倉が面する相模湾・由比ヶ浜は遠浅なため、物資の輸送のための船舶が停泊することが困難であった。そこで、一二三二年、鎌倉幕府第三代執権北条泰時のときつくられた日本最古の築港が和賀江島である（写真中央の中洲）。浜は栄え、今の地名のもとになる材木座などの座が多くできた。現在は満潮時には姿を消してしまうほど平らな浅瀬だが、江戸末期までは商港として利用された。

鎌倉の海の玄関口、由比ヶ浜より相模湾をのぞむ。

だが、このことのさらなる意味をさぐるならば、次のような切り口をも提供することになろう。それは頼朝により創立された武家の幕府政治というシステムが、その後の日本の政治のあり方を規定したという点であろう。

わが国の政治形態の画期という点では、武家政治の入り口である鎌倉幕府と、出口たる幕末・明治の変革はまことに大きい。

少し大風呂敷を広げることを承知で言えば、頼朝が創始したこの幕府の政治システムは、隣国の中国や朝鮮にはない。

かつてこの両国は、古代の国づくりの上ではわが国の先輩であり、わが国は律令制をふくめ、先進の文明諸技術の多くをこの両国に学び、お手本とした。平城・平安の都を定めた貴族たちの古代は、大陸の文化・文物にならったものである。

その点では、明治以後の近代もお手本があるという点では同じだった。文明開化のスローガンは、欧米諸国の文物を手本とすることで出発したからである。「お手本主義」の是非はともかく、日本の歴史をひもとくと中世以降の武家政権は、たしかにお手本がなかった時代だった。ふりかえって、わたくしどもの生きるこの二十一世紀という新時代のなかでも、再びお手本なき時代が到来しているのではないか。

同じくお手本がなかった時代の先駆者頼朝とは、何だったのか。改めて東国の英雄に想いをいたすことも、無駄ではあるまい。

第2章

おんなたちの東海道

井上通女

こころ豊かに晴れの道草

●柴桂子・文 text by Keiko Shiba

戦国の争乱が去って、
世は泰平の江戸時代。
庶民も武士も、みな活発に旅に出始めた。
では、「おんな」も旅を十分に満喫できたのだろうか？
江戸時代の女性が書き記した旅日記は、
意外なほどたくさん残されている。
それらの代表格ともいえる、
才女・井上通女の記録を中心に、
江戸時代のおんなの旅について考えてみよう。

【任務の旅】

江戸末期の浮世絵師・歌川広重の東海道を描いた風景版画の中に、おんなたちが旅をしている姿を幾つも見いだすことができる。そのことを、外国に住むある大学の教授が、浮世絵の大家である日本の大学教授へ「江戸時代の女性は、広重の絵にあるように、本当に旅をしたのでしょうか」と尋ねたところ、その教授はしばらく考えた末「あれは想像画でしょう」と答えられたそうである。

封建制、家父長制社会の中で儒教道徳に縛られ、自分の意志では何事も行動できず、外出もままならなかったといわれた江戸期のおんなたちに対する、ステレオタイプの女性像が、いまだに信じられているためのお答えであろう。

江戸期のおんなたちの旅の機会は意外に多かった。父や夫、子の任務のためのいわば転勤族、自分自身の職業（江戸藩邸への勤務、奉公、行商、興行など）、人質、嫁入り、江戸初期と幕末期の戦乱による移動など、自らの意志によらない旅があった。また寺社参詣・物見遊山、学問・芸能の修業、保養・湯治、帰郷、墓参、仇討ちなど、自分の意志にもとづく旅もあった。

江戸前期の武家の女性、井上通女《つうじょ》が東海道を旅した二点の旅日記を残している。それらを中心に東海道のおんなたちの旅を考えてみよう。

五代将軍徳川綱吉が将軍職に就いた翌年、通女の言葉を借りると「あめのやはらぐ初の年」である天和元年（一六八一年）十一月に、通女は讃岐国丸亀藩主京極高豊の母養性院に召し出され、父・本固《もとかた》に伴われ江戸へ向かった。通女は藩の儒学者である父の教育のもとに、幼少より和歌、物語、漢学を身に付け、その学才は江戸に住む藩主のもとに聞こえていた。丸亀を出発するや通女はすぐに筆を取り上げ、『東海紀行』と題した旅日記を綴り始める。舟で難波まで行き、通行手形を受け取るため藩邸で二日を過ごし、京都を経て東海道を駕籠で江戸へ向かう。

早朝四時前に宿を出て、松明《たいまつ》の明かりを頼りに残りの月を眺めながら道を進め、次第に明けていくあけぼのの空、朝の光のなかの景色に感動する。街道の遠近《おちこち》の初めて目にする景色に目を奪われながら旅を進めるうちに、天竜川を舟で渡ったところで咳病にかかり、旅日記の筆を止める。

養性院が病没したため、江戸出仕から八年後の元禄二年（一六八九年）六月、通女は引き留める人々の願いを断り、致仕して故郷へ向かう。通女はすでに三十歳になっていた。品川で見送りの人々と別れ、弟・益本に付き添われ再び東海道の旅が始まる。

帰路は先を急がぬ旅であるので、道中の景色を堪能し、名所旧跡にも心を留め、『帰家日記』を著わす。

【規制されたおんなの旅……女手形、関所】

江戸期のおんなの旅には、おんなであるがゆえの規制があった。最もわずらわしかったのが、関所を通過する際に必要な通行許可証・女手形であった。これは女証文ともいわれ、その発行が出発点により、身分により、時代により異なった。出発点が京都や西国の場合は、京都所司代や大坂町奉行所などであり、庶民のおんなの場合は、市中では町奉行所、農村では寺院や庄屋・名主らが奉行所などへ

▼東海道ミニガイド
神奈川県箱根町——①
◆箱根の峠越えは、東海道一の難所として知られた。まさに歌のとおりの「天下の険」である。鎌倉時代に、それまでの足柄山を越えるルートにかわるものとして開発されて以来、あまたの旅人がここを命がけで越えていった。ことに江戸時代には、江戸を守るための要害としての機能も果たしていたため、あえて通りにくい険峻な山越えを街道に組み込んでいたともいわれる。

申請しなければならなかった。

　発行の複雑さに加え、女手形の記載事項の厳密さがあった。おんなたちの身分、身許《みもと》、同行の人数、乗り物の数、出発地、行き先、旅の目的などを細かに書かねばならなかった。特におんなの区分は細分化されていた。髪切り〔注1〕、小女、尼、禅尼、比丘尼、乱心の女、囚人などの区別のほか懐妊何カ月、お歯黒付きなどまで記載せねばならず、万一、手形記載事項と実際とが食い違った場合は、差し戻され、証文を取り直さねばならず、そのための日数や費用がかかった。こうした通行規制は明治二年（一八六九年）まで続いた。

　通女も江戸へ向かう時、今切《いまぎれ》（静岡県）の関所で女手形の記載事項のささいなことでひっかかり、大坂町奉行所で手形の再発行をしてもらうために大坂へ使者を走らせた。そのため荒井の宿で六日間もむなしく過ごすことになる。手形記載の「女」と「小

小田原方面から箱根関所に向かう石畳の旧街道。この権現坂までくれば、もう芦ノ湖は目の前に。

海沿いの小田原宿から内陸へと向かった道は、箱根湯本を過ぎると徐々に勾配がきつくなり、畑宿の立場（宿と宿の間にある茶店などの休憩施設をそなえた集落）からが本格的な峠道となる。右ページの写真は、昔の姿をとどめる、畑宿の一里塚。

〔注1〕**髪切り**　髪を切り下げにした女。後家のことも指す。

女」の区別は、着物の袖を身頃に縫いつけてしまったものを着用する者を既婚の「女」、動きやすいように袖を全部身頃に縫いつけず離しておく振りのある小袖を振袖といい、それを着用するものを「小女」とした。江戸へ召されていく通女は、晴着の振袖を着ていたが、二十二歳にもなって小女とは書かず、ただ女と書いていたため、「わきあけたるを、小女」と書き分けるべきを知らなかったことを悔い

　たびごろもあら井の関をこえかねて
　　そでによる浪身をうらみつゝ

と詠《うた》い、「何につけても、女の身のさはりおほく」と嘆かずにはいられなかった。

おんなの身の不自由さはこれだけではなかった。

通女は江戸からの帰途、記載事項に十分な注意を払って作成した手形を箱根の関所に提出したが、厳重な女改めにあう。

　髪筋など懇《ねんごろ》にかきやりつゝみる。
むくつけゞなる女の、年負ぬれど
すこやかなにて、いとあらましきが、
近やかによりきて、だみたる声にて
物うちいひかくるも、心つきなく、
いかにする事かと恐ろし

◆畑宿から、ほぼ直上するに等しい坂道を死ぬ思いで登った旅人も、やがて眼下に広がる芦ノ湖をみてほっとしたことだろう。湖畔には、箱根山の主峰・神山をご神体とする箱根神社（右写真）。無事峠を越し、また、道中の安全を祈願する参詣客が絶えず、山岳信仰・庶民信仰の聖地として栄えた。

気味の悪い、年に似合わず、元気で荒々しい改め婆が、髪を解いて念入りに調べ、訛りのある声で質問をしてくるのは恐ろしいことであったという。

　こうした女改めの厳しい箱根や今切の関所を避けるために、東海道を避け中山道や迂回道を選び、案内賃を払って抜け道を行くこともあった。

　ちなみに、おんなたちの足を留めたのはこれだけではない。寺社や霊山の中には女人禁制の場所があった。たとえば、三島大社や三井寺の一部はおんなに障《さわ》りがあるとして足止めされた。

【おんなたちの見た東海道】

　おんなたちにとって旅での不自由さは関所や女人禁制だけではなかった。風雨、雷など天候の悪さ、箱根・小夜の中山・鈴鹿などの峠越え。宮・桑名の七里の渡しの船酔い、大井川を代表とする荒々しい人足たちによる川越《かわごし》、旅の中の病気など、恐ろしい心細い体験なしには旅はできなかった。

　それでもおんなたちは自らの意志でする旅はいうまでもなく、自ら望んだ旅でなくとも、ひとたび旅に出ると、貪欲にさまざまなことを見聞し感じ取った。

　旅は非日常的な晴れの世界である。おんなたちは、日頃の儒教道徳に縛られた生活から解放され自分自身の五感で、自然や人々の生活振りや町の賑わいなどを

▼東海道ミニガイド
神奈川県箱根町―②
◆江戸時代、箱根越えのもうひとつの難関は、関所であった。ほぼ箱根越えの頂上に位置し、ことに江戸から出て行く女に対してきびしい目が光っていたという。ここを無事通過すれば、箱根の宿場が待っていた。現在の関所の建物は復元されたもの。

箱根の象徴、箱根権現の鳥居と芦ノ湖。幾多の旅人たちが、道中の無事を祈ってこの光景を眺めただろう。

見取った。祭りの様子、子供たちの遊び、衣類や帯のむすび方に関心を払う。風の違いを感じ取り、松風・波・山水・川の流れ・念仏・鐘・宿場の人声など旅の中の音に耳を傾ける。

　通女も、草を刈る者、汗を拭き拭き山の傾斜地の畑を耕す者、腰を曲げて田の草を取る者、また、重い荷を担った者など働く人々の姿に心を留め、自らを駕籠で旅する身分の徒食の科《とが》と深く反省する。鈴鹿越えでは、故郷で稀にしかみることのない雪景色に喜びながらも、歩行の従者の足もとを気遣う。輿を担ぐ者たちの、今年は豊作との喜びあう会話へ耳を傾け、共に喜ぶ。

大磯（神奈川県）では、親の仇討ちをした曾我十郎の愛人虎を偲び、箱根では山水を手にむすび、富士の高嶺の雪に心を奪われ、見え隠れする富士と共に旅を続け、薩埵山、田子の浦、清見潟、三保ノ松原（静岡県）の景色をまぢかに眺めながらの旅を続ける。

物を商う女たちや、客を呼び込み、朝は客を見送る宿場の女たちにも温かい目を注ぐ。赤坂では女主《おんなあるじ》の身の上話に耳を傾け、望むままに歌など書いて与える。

小田原の外郎や宇津の十団子《とおだご》、熱田の小刀、桑名の焼き蛤、庄野の小さな俵に入れた焼米、水口の葛籠《つづら》[注2]など各地の名物を楽しむ。

大名行列や講を組んでの伊勢参詣という男たちの団体旅行が多いのに比べ、おんなたちの旅は比較的一行の人数も少なく、数人でする気ままな旅が多く、立ち寄る場所も自由であったため見聞も多かった。男の旅に付きものの「酒と女」もなく、おんなたちは生活者としての総合的な目と、儒教道徳に裏づけされた、人々への温かい思いやりの心を持って旅を続けたのである。

［注2］**葛籠**
水口宿（現滋賀県甲賀郡）は、籐を編んだ葛篭細工を名物とする。

【文化創造の道・東海道】

東海道は古来から最も主要な交通路であったため、多くの伝説や旧跡があり、富士山と共に旅ができるところから、物語や歌が多く詠まれ、次々と文学が生まれた。ことに、江戸時代の東海道は、多くの文人たちが行き来したため、各地に文化を愛でる人々の集まりが出来、文人墨客が足を留め、旅人と土地の人々の輪ができ、そこに新たな文化が生まれ広がった。

おんなたちも文化を愛でる場に参加し、享受した。東海道を中心に多くの歌を詠み、旅日記を綴った。それらを読んだ人々はそれに掻き立てられ旅へ出た。俳諧の世界では少女の参加も見られ、俳諧を嗜んだおんなたちの数は計り知れないし、風景画や俳画を残したおんなたちもいる。

たとえば、長門国長府（山口県）の田上菊舎は、俳諧修業のための大行脚を終え、江戸再遊の帰途、東海道五十三次の俳画に句をつけ、後に各駅に贈呈したことが知られている。

また、幕末期、尊皇攘夷派による殺傷事件や外来船の渡来で騒然としてきたために、それまで幕府の人質的存在として江戸にとどめ置かれていた大名家のおんなたちに対して、一斉に帰国許可令が出た。そのために東海道は混雑し、各宿場や関所、川越、海上は大混乱であったが、日向国延岡藩前藩主の妻・内藤充真院はこの時の旅の機会をも逃さず、道中の見聞をしっかりと日記と墨絵で書き記している。道中の風景だけでなく、立ち寄った宿や本陣、寺社などの全景や庭の佇まいから家の間取りまで書き留めている。

江戸期のおんなたちにとって、旅は時として道場でもあったといえよう。心身を鍛え、旅の中で自然や各地で出会った人々から、さまざまな事柄を学び、文化を創造した。

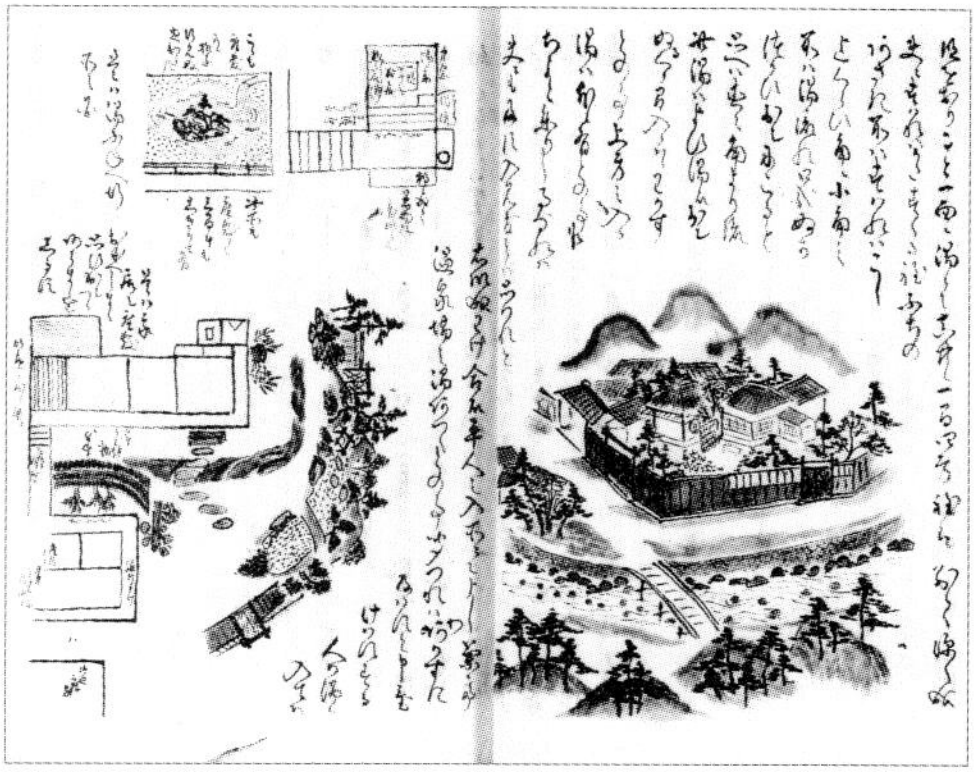

内藤充真院『五十三次ねむりの合いの手』より、「箱根福住館」（明治大学刑事博物館所蔵）。

江戸時代は経済が発展し、街道が整備され、宿場や飛脚・金融制度も整い、安定した、戦乱のない平和な世であったので、江戸期以前のおんなたちの旅に比べ、はるかに旅がしやすくなり、一般庶民まで、各階層のおんなたちがさまざまな旅をした。平和な治世への感謝は、旅から帰ってきて改めて強く感じたのであろう、旅日記にも「此御神《このおんかみ》[注3]の御威徳《おんいとく》にてこそ四海《しかい》治まり」

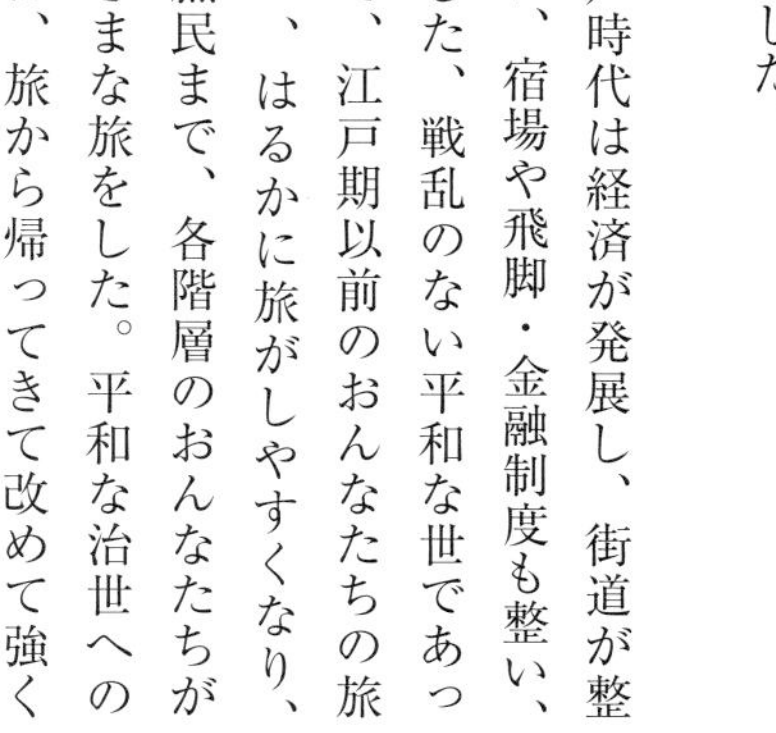

◆大涌谷は、温泉が豊富な、湯治場としての長い歴史ももつ箱根の顔である。

[注3] **此御神**
徳川初代将軍・家康のことを指す。

「はる〳〵の野路山路をやす〳〵とこえきぬる事、誠に君の御徳とありがたく」などと記している。

一方、現代の女性たちと比較して、子育てを終える時期や隠居する時期が早いため、長旅も可能で、五カ月以上にも及ぶ旅をした者も幾人も見いだせる。それを支えたのは歩行の体力や信仰心、経済力、家族の理解、数少ない旅のチャンスを捕らえての旺盛な好奇心であった。

現代女性の旅が、用意された観光名所や食べ物、ショッピングに対して高い関心を示すのに比べ、自らの意志で旅をした江戸期のおんなたちの多くが、子育てを終えた四十代、五十代であるにもかかわらず、世間や自然を見る目の確かさ、旅から学び取る意欲、そして旅を文学として創造する熱意を持っていたということに、我々は見習うべき点が多いのではないだろうか。

後深草院二条

「女西行」が詠んだ路傍の情

●神崎宣武・文 text by Noritake Kanzaki

鎌倉時代後期、宮中で上皇の寵愛を一身に享けていた美貌の女性・後深草院二条。彼女は突然の出家ののち、西行の旅の生涯に憧れ、東海道を東へと下る。二条の日記『とはずがたり』には、旅の途上で出会った女性たちとの交流がしみじみと描かれる。はるか中世、女性たちは何を思い、どのような姿で旅したのだろうか。

【中世の東海道】

旅衣すそ野の庵のさむしろに
つもるもしるし富士の白雪

と、蒲原（静岡県）の宿の某家の障子に達筆で記されていた、という（『東関紀行』）。東海道が街道の体をなすのは、鎌倉期のこと、とする。その理由の第一は、京と鎌倉という両端の基点が定まったからである。京と鎌倉は、当時の日本を二分する政治（朝幕）の拠点でもある。したがって、この時代から、東海道を往来する人

●本文中に引用した原文等は、次のものを参考とした。
・筑摩叢書140『とはずがたり』（筑摩書房、一九六九年）
・定訳日本の古典第38、39巻『とはずがたり（一）、（二）』（小学館、一九八五年）

岐阜県大垣市にある、美濃国分寺跡にて。

たちも急激に増えた。

その中世における東海道のにぎわいのようすは、『海道記』[注1]『東関《とうかん》紀行』[注2]『十六夜《いざよい》日記』[注3]などからうかがい知ることができる。ここにあげる『とはずがたり』もまた、東海道を鎌倉へ東下りする紀行を所収する。

『とはずがたり』の著者は、女性である。名を二条という。後深草上皇[注4]の女房であった。が、当時の女房とは上皇の寵人《おもいびと》のこと。正応元年（一二八八年）のころだとすれば、三十一歳を迎えた年に出家。翌二年に鎌倉への東下りを試みるのである。

道中の記述は、鏡（滋賀県）、赤坂（岐阜県）、八橋・熱田・萱津《かやつ》・鳴海（愛知県）、清見が関・宇津・三島（静岡県）、江の島（神奈川県）などにかぎられている。まず、京からひとまず美濃へ下る。のちの中山道の一部をた

[注1]**海道記**
鎌倉初期の紀行。洛外に住む五十歳を過ぎた出家者が東海道の旅を経て鎌倉に滞在、帰京の途につくまでを記す。

[注2]**東関紀行**
鎌倉時代の紀行。作者は不詳だが、一二四二年の鎌倉への旅のありさまを道中の歌枕にちなむ故事などをおりまぜ、歌とともに記したもの。

[注3]**十六夜日記**
鎌倉時代の女性・阿仏尼による紀行・日記。遺産相続をめぐる争いで、息子のために幕府に訴訟を行うべく、都から鎌倉へと向かった道中記と滞在記が主体。

[注4]**後深草上皇**
（一二四三〜一三〇四）
院政を布いたのは一二八七年〜一二九〇年。弟の亀山天皇の大覚寺統に対し、後深草に発する皇統は持明院統と呼ばれる。

どるわけだ。それから熱田に下る。そのところでは、現在の鉄道路線に近い。そして、熱田から東へは、江戸期の東海道にほぼ準じる。

なお、中世の東海道と近世以降の東海道は、その路程が少々異なる。京と鎌倉のあいだには六十三宿次があったのである。むろん、街道の整備も江戸期ほどには進んでいなかった。だが、たとえば『吾妻鏡』[注5]でみると、鎌倉開幕のころは京・鎌倉間が伝馬で七日間であったが、半世紀のあいだに四日間に短縮されたとある。相応に街道と宿駅の整備がみられた、としなくてはならない。それによって、朝幕の関係者だけでなく、民衆の往来も増したのである。

恋多き女性の出家と旅

『とはずがたり』全体でみると、東下りの記事量は、けっして多くはない。しかし、それでも注目に値するのは、それが当時では難儀もかこったであろう女のひとり旅であったこと。そして、時どきに詠み記している詩歌がそこはかとなく旅のあわれをうかがわせるからである。

たとえば、赤坂の宿《しゅく》に泊まったときのことである。宿の主人は、遊女の姉妹であった。酒盃をすすめて、遊芸を演じさせる。そのうち、姉の遊女の方がひどく物思いに沈むようすで涙ぐみもする。私（二条）も、わが身におきかえて涙する。す

[注5] **吾妻鏡** 鎌倉幕府による幕府の歴史書。巻数不詳。十三世紀末から十四世紀初頭にかけて編年体で各将軍ごとにまとめられるが、完成したかどうか不明。

ると、それをけげんに思った姉遊女が盃を置いた折敷《おしき》（白木の膳）に歌を書いてよこした。

思ひ立つ心は何の色ぞとも
富士の煙《けぶり》の末ぞゆかしき

（富士の煙が空高く立ち昇るように、あなた様の心高くも世を背かれて、出家を思い立たれたお心は、どのようなことが原因か、おうかがいしとうございます）

遊女がこう詠みかけたのは、たいそう意外で、情ある気がして、私（二条）も返歌した。

富士の嶺《ね》は恋を駿河《するが》の山なれば
思ひありとぞ煙立つらむ

（富士の嶺は、その名も恋を駿河の山です。深き思いの火があるというので煙が立つのでしょう。わたしが出家したのも、恋の思いゆえですよ）

なるほど、そうであろう。二条は、宮廷社会のなかにあって恋多き女性であった。十四歳のときに後深草院の愛を享《う》けることになったのであるが、それ以前から心を通わしあった男性がいた。『とはずがたり』では「雪の曙」としるされている西園寺実兼《さねかね》がその人であり、その間に女子を極秘裏に出産もしている。後深草院の女房となったのちも「有明の月」なる阿闍利《あじゃり》と情愛をかわし、その間には二

▼東海道ミニガイド
岐阜県大垣市―①

◆大垣宿は、一六三五年に戸田氏十万石の城下町としてつくられた。中山道の垂井宿から東海道の宮宿（名古屋）へと抜ける、いわゆる脇往還・美濃路の宿場として栄えるとともに、水門川を利用して伊勢湾へ通じる水運の要ともなった。

◆右写真は、大垣城。関ヶ原の合戦で、石田三成が西軍の本拠地としたことでも知られ、昭和十一年には国宝にも指定されたが、惜しくも戦災で焼失、昭和三十四年に外観を昔そのままの容姿で再建された。

人の男子をもうけている。他にも、三十歳も年長の近衛の大殿（鷹司兼平《たかつかさかねひら》）や後深草院の弟・亀山院との関係もあった。『とはずがたり』にそれがかなり大胆に描写されてもいる。近世以降の道徳律をもってははかれない世界である。
が、その立場や原因はともかくとして、宮廷社会に身をおいてそうした男女相関の関係が継続するはずもない。彼女は、亀山院との浮名がたって、追放同然に御所を退下させられてしまうのだ。そして、それが僧房に身を隠し、迎えに来てくれた後深草院をも拒絶して出家することになった最大の理由であろうことも、そのとおりなのであろう。
　現在《いま》もむかしも、それまでの生活をたちきるためにひとりで旅に出る、その深層の心理と秘密の行動にかわりはあるまい。とくに、恋多き女性の場合は、そうなのではあるまいか。そのところで、ひとり旅とは、憂いものなのである。

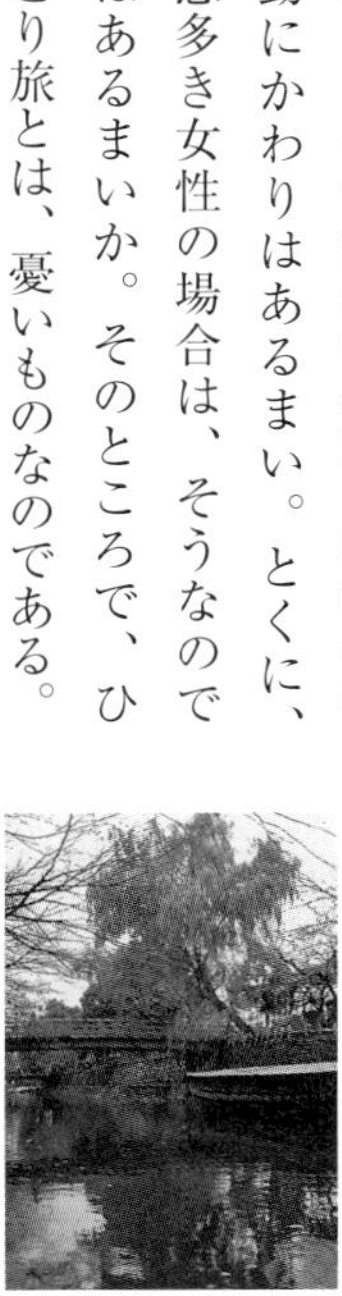

◆水門川を通じての活発な水運で栄えた大垣の町。水門川の船町港には、今も船の目印となった住吉燈台が残る。ここはまた、俳聖松尾芭蕉の『奥の細道』むすびの地としても知られ、当時を偲ぶところが多い。

▼街道に生きる遊女、芸人たち▲

ところで、赤坂の宿で遊女姉妹を相手に過ごしたこの記述からは、多くのことを考えさせられる。

まず、遊女の存在である。二条も、鏡の宿でもそのことを記している。

「鏡の宿といふ所にも着きぬ。暮るるほどなれば、遊女ども契り求めて歩《あり》くさま、憂《う》かりける世のならひかなとおぼえて、いと悲し」

当時の東海道の宿駅は、鎌倉幕府の統制下にあったとはいえ、近世の幕藩体制下でのそれほどには徹底したものではなかった。自然発生的に宿駅が発達、そのあとを幕府が整備もした、とみるのが妥当である。『東関紀行』からも、そのことが読みとれる。三河の豊河でのこと、近ごろ開かれた渡津《とつ》の海道を旅人が多く通るようになり旧道沿いの人びとも家居をそこに移すようになった、といっているのだ。そして、古きをすてて新しきにつくのは心にかかる、といいながらも、便利に宿が求められるようになったことを喜んでもいるのだ。

もちろん、宿のありようもさまざまではあった。『海道記』には、「蒲原の宿に泊って菅薦《すがこも》の上に臥《ふ》す」とか、「木瀬川の宿に泊って萱屋の下に休す」などの記述がある。が、全体としては、宿のわびしさの記事は少ない。『とはずがたり』では、一カ所たりともそれがないのだ。むろん、二条の身分からして民衆の旅と同等に

▼東海道ミニガイド

岐阜県大垣市―②

◆『とはずがたり』にも遊女とともに登場する宿場町・赤坂。江戸時代には中山道の第五十七宿とされたが、鎌倉期には、東海道はここを通るルートを本道としていた。現在も、宿場町として栄えたことを思い起こさせる町並みが残る。

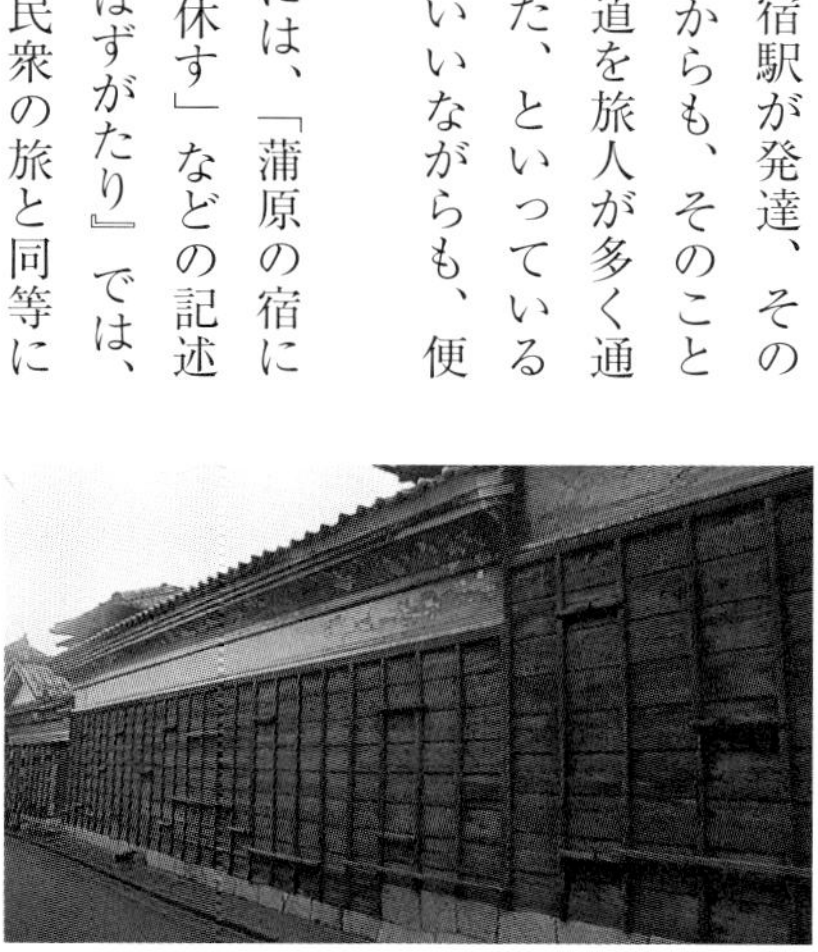

は扱えないが、少なくとも平安期の『更級日記』にみられるような、身分の高い者も野宿や仮屋泊まりがやむなし、という状況にはなかった。とくに東海道にかぎっては、宿を得る難儀はなくなった、とみてよいのである。

　宿駅ができれば、当然のように遊女もそこに集まることになった。それは、大江匡房[注6]が『遊女記』に記したように、前代からの宿と遊女の相乗的な発達、というものであった。

　しかし、当時の遊女を、のちの宿場女郎や飯盛女と同等にみてよいかどうか。遊女には、上皇や皇王の相手をした者もあれば、将軍や高僧の相手をした者もいる。かの頼朝も、富士の裾野に巻狩りに出かけたとき、なじみの遊女をつくり別当の名を与えた、という。そうした遊女たちのなかには、自らが宿を経営して長者になった者も少なくなかった。右の赤坂の遊女姉妹もそうである。詩歌の素養があるところからしても、それなりの出自と経歴をもっていたのであろう。やんごとなき都人であった二条の相手としても、けっして過不足はなかったのである。

　なお、近世・近代を通じて、日本の宿屋では女名義が少なくなかった。茶屋や料亭には、現在にまでその傾向が著しい。それも、古い宿の長者の伝統とみることができよう。

　詩歌についても、注目しなくてはならない。とくに、詩歌を詠みかわすという

◆赤坂もまた、大垣と同じく川を利用した水運の町として栄えた。杭瀬川に面した赤坂港跡には、多くの船で賑わった当時の面影を残す常夜燈とともに、明治初期の建築の外観を復元した「赤坂港会館」がたたずむ。

[注6]**大江匡房**
（一〇四一～一一一一）
平安後期の学者、漢詩人、歌人。博覧かつ多識で、詩文・和歌、朝儀典礼に通じていた。

ことは、当時の教養ある人の挨拶がわりというものであった。そして、それは旅の心得というものでもあった。

『とはずがたり』でも、何カ所かにそれがでてくる。たとえば、二条が鎌倉をあとにする前日の暮れ方、飯沼の左衛門尉《さえもんのじょう》という者が餞別の品を用意してやってきた。そして、夜通し遊んで、いよいよ出立の朝、左衛門尉は、盃を据えた折敷にこう書き付けていく。

わが袖にありけるものを涙川
しばしとまれと言はぬ契りに

（涙川はわたしの袖にありましたものを。しばしとどまれということもできない私たちのはかない間柄を思えば）

さらに、再び立ち戻り、旅装束などに添えて一首。

着てだにも身をば放つな旅衣
さこそよそなる契りなりとも

（せめてこの旅衣を着て身体から放さないでください。どんなに浅い御縁であったとしても）

二条がそれに返歌する。

乾《ほ》さざりしその濡《ぬ》れ衣《ぎぬ》も今はいとど
恋ひむ涙に朽ちぬべきかな

（着せられたまま弁解することもなかった二人に対しての濡れ衣でしたが、別れにあたって、あなた様を恋しく思って流す涙に朽ちてしまうでしょう）

「芸は、身を助ける」という。中世の道中では、時どきに芸を演じながら旅する遊芸の徒が多かった。能楽師もそうであるし、連歌師もそうである。世阿弥が「芸人は下手も上手もなかりけり、行く先々の水にあわねば」といっているように、そうした遊芸の徒は、乞われるところで愛嬌芸をすることで旅を続けやすかった。それは、旅人の運んでくるさまざまな情報がまだ地方《じかた》の人に新鮮だったからである。地方の大人たちは、館に芸人や文人を呼んでもてなし、ただ演芸や文芸に興じるだけでなく、そこで諸国の事情を聞いたのだ。その慣習は、江戸時代まで続く。ゆえに、各地に連歌額や襖絵、掛軸などが分布することにもなった。かつて、旅人は、情報の伝達者であったのである。文化の伝播人であったのである。

その意味では、遊女や僧侶の立場も似たようなものだった。二条の旅も、その視点からみると、出家歌人の旅であった。

【女の旅のありさま】

それにつけても、女のひとり旅。何かと難儀であっただろう、と思える。

鎌倉への東下りでは直接そうした記述がないが、そののちの西国への旅では、備後で危うく土豪の奴婢とされるところだった、というような描写がある。いたるところで男どもから好奇なまなざしで見られただろうことは、想像にかたくない。女のひとり旅の危険とは、ひとつにそのことであった。

とくに、都住まいのときには恋多き二条のこと。「いかなる者と契りを結んで、憂き世を厭う道連れとしたか。ひとり旅とは、いくら何でもできぬであろう」と邪推したのは、後深草院であった。

その後、後深草院とは二度の邂逅があった。一度目は、正応四年(一二九一年)、二条が宮中を退いて以来九年ぶりのこと。石清水八幡に参詣したとき、はからずも上皇の御幸に出会い、参籠中の上皇と馬場殿で一夜を語りあう。二度目は、翌年九月の一夜、伏見の御所に召される。先の問いは、そのときのものである。

それに対して、二条は潔く答えたものだ。

「世を捨てて一度絶えた契りは二度と結ぶことはできません」

「よく世間では修行者といい、梵論《ぼろ》[注7]などという体の者に行き逢いなどして、不本意な契りを結ぶ尼僧の例もあるとか聞いておりますが、私にはそのようなめぐり合わせもないのでしょうか、空しく独り袖を片敷いている有様でございます」

このとき、彼女は西行上人の名を語る。

二条は、別のところで、九歳のときに西行の修行記を読んだ、という。そして、西行の流浪の生涯にあこがれた。女の身とて難行苦行はかなわぬとしても、旅に生き、歌に生きたい、と思うようになった、という。

人は、二条を「女西行」ともいう。

あらためて『とはずがたり』を読む。そこには、街道の風景がほとんど描写されていないのだ。また、自身の旅装束や宿での食事についても、ほとんど触れられていないのだ。詩歌を柱とする中世文学のひとつの型とはいえ、不思議なことといわなくてはならない。

しかし、さいわいなことに、同時代のより具象的な資料として、一方に絵巻物がある。たとえば、旅の尼僧が、『一遍聖絵』や『信貴山縁起』に描かれている。

[注7]**梵論**
ぼろぼろとも。鎌倉期から見える仏教修行者で、髪をのばし、紙衣、黒袴、足駄を身につけ、傘や棒を手にした姿で絵巻などにも現れる。

袿《うちぎ》といった小袖に膝下を紐で束ねた袴。脚半に草鞋《わらじ》、頭には頭巾。手には杖と数珠を持つ。歩くときには、市女笠《むすめがさ》をかぶる。という、二条もそうであっただろう旅姿がそこから連想できるのである。

神はなほあはれをかけよ御注連縄《みしめなは》
引《ひ》き違《たが》へたる憂き身なりとも

（御神さま、憐れみをおかけください。たとえ注連縄を引き違えたように、運命の違ってしまった、憂く、つらいこの身であっても）

熱田の社に詣でたときに、二条が詠んだ歌である。
中世の旅とは、二条が西行をなぞるまでもなく、ところどころの社寺に詣でてカミやホトケと密かな会話をかわすことでもあったのである。
いまはむかしの旅語りなり、かな。

菅原孝標女

旅すがらの幻想に人生を重ねて

●鈴木日出男・文 text by Hideo Suzuki

王朝文化の花開いた平安時代なかば、
貴族の女性菅原孝標女は、
十三歳の秋に東海道を旅した思い出を、
晩年になって『更級日記』にしたためる。
当時の街道はいまだ、道の整備も不十分で、身分の貴賤を問わず、
安全な宿がどこでも得られる場所ではなかったといわれる。
このような苦労の多い道中、
物語好きで夢見がちな貴族の少女は、
何を見、何に心をうばわれたのだろうか。

女の一生の記、『更級日記』

『更級日記』の作者は十歳のころ、父の菅原孝標《すがわらのたかすえ》が上総介《かずさのすけ》に任ぜられたのに伴われて下向した。上総国は現在の千葉県の中央部、その国府は市原市惣社の国分寺跡あたり。そこで少女時代を過ごすことになった彼女は、姉や義母たちの話に耳を傾けては物語にあこがれ、早くに上京して物語のありったけをむさぼり読みたいもの、と念願するほど多感な文学少女であった。薬師如来の等身像を造ってもらい、一心不乱に額《ぬか》づいたせいだろうか、十三歳になった年の晩秋九月、任の果

足柄峠の夕暮れ。少しずつ山の稜線が薄墨色となって闇の中にとけ込んでゆく。平安の昔もさもありなん、と思わせる幻想的な光景。

てた父とともに上京することができた。

『更級日記』という作品は、作者菅原孝《すがわらのたか》標女《すえのむすめ》が五十歳をすぎた晩年に、この少女時代の上総国からの上京に起筆して、現在にいたるまでの生涯を回想的につづった、いわば女の一生の記である。したがって、その時点時点で鮮明に刻印された記憶が、さらに晩年の心境によってどのようにとりおさえられているかの点に、作品のだいじな勘どころがある。

あづま路の道《ぢ》の果てよりも、なほ奥つ方《かた》に生ひ出でたる人、いかばかりかはあやしかりけむを、いかに思ひはじめけることにか、世の中に物語といふもののあんなるを、いかで見ばやと思ひつつ……

とあるのは、この作品のよく知られた冒頭

であるが、ここにも、老境の心がとらえたわが少女時代の記憶という二重の感慨が端的に述べられている。彼女の過ごした上総国は、けっして「あづま路の道の果て」などではないからである。

「あづま路」は東海道、その「道の果て」とは常陸国《ひたち》（現在の茨城県の大部分）をさすはずである。この冒頭の一文は、古歌「あづま路の道の果てなる常陸帯のかごとばかりもあひ見てしがな」（古今六帖・五）の引用で文飾をほどこされた行文であり、それによって遥かなる東国の辺境であることを印象づけようとした。筑波山の存在でも知られた常陸国には、確かに東国のさいはてというイメージがあった。ちなみに、この古歌は「東海道のさいはての地、常陸産の帯のかごと（金具）ではないが、かごと（口実）程度でもよいから逢いたいものよ」ぐらいの意の恋歌である。

長の歳月をさまざまな経験で生かされてきた老齢の作者はここで、わが少女時代の一時期を実際以上に遠隔の地での体験であるかのように回想する。そしてこの遠隔の地という距離感は、遠く隔たった過去の時間への思いとも重なりあっている。昔の自分をあたかも他者であるかのように突きはなして、その少女は今から思うとどんなに田舎びていたことか、またどうしてあんなにも物語に熱中したのだろうかと思いやり、少女の無垢で純真な心を、老境の慈愛の気持ちでつつみこんでいる趣である。

【東海道の要衝、足柄の地】

少女たちの一行は、上総国を出て下総・武蔵国を通過し、相模国（現在の神奈川県の大部分）へ入っていよいよ足柄山を越えることになる。足柄は相模国と駿河国（現在の静岡県）との境を南北に走る連山で、その東南に箱根山が続いている。当時の東海道は、まだ箱根は通らずに、足柄山を越えていた。

足柄山といふは、四五日かねて（四五日にわたって）恐ろしげに暗がりわたれり。やうやう入り立つ麓《ふもと》のほどだに、空のけしき、はかばかしくも見えず、えも言はず茂りわたりて、いと恐ろしげなり。

ここは麓でさえも樹木が鬱蒼と繁茂している山地、昼なお暗く不気味で恐ろしげな山道である。子ども心にはいっそう「恐ろしげ」だったのであろう。

古く『万葉集』中にも足柄の地を歌った歌が少なくなく、たとえばこんな恋歌がある。

足柄のみ坂恐《かしこ》み曇《くも》り夜の
我《あ》が下延《したば》へを言出《こちで》つるかも（巻14・三三七一）

一首は「足柄のみ坂の恐ろしさに、自分の心の奥底のひそかな思いをついつい口に出してしまった」ぐらいの意。ここでの「曇り夜の」は「下延へ」にかかる枕詞《まくらことば》で、山路の昼なお暗いイメージが内なる恋心の重苦しいイメージに連接する

▼東海道ミニガイド
神奈川県南足柄市―①

◆東海道における相模国（現神奈川県）と駿河国（現静岡県）との往還は、もっぱら箱根峠越えが知られるが、これは鎌倉幕府が成立したことに関連して開発されたルートといわれる。平安時代までは、やや北方の足柄峠を東西に越えるのが官道であった。

◆この古道は、現在では部分的にハイキングコースとして整備されているが、細く、やや険しい箇所もある。

表現の歌である。足柄の山路の薄暗い不気味さは、万葉の昔から人々が共通して感じとってきたのであろう。『万葉集』には東歌として十二首の相模国の恋歌が掲げられているが、そのうち七首もの大量がこの足柄の地に寄せる歌となっている。

右の歌で「足柄のみ坂恐み」とある点にも注意される。もともと「坂」とは境界を画す地帯で、神のありかと目されていた。したがって「恐《かしこ》み」とあるのも、地形の傾斜が急で険しいという意だけではなく、神の偉力を恐れる気持ちをも含んでいる。同じく『万葉集』の伝説歌に、足柄の坂を通り過ぎるとき死人を見て詠んだという田辺福麿《さきまろ》の長歌がある（巻9・一八〇〇）。年に十日間都に上って労役に服する、いわゆる徭役《ようえき》の勤務を終えて帰国する男子なのであろう、故郷にたどりつく途中、この足柄の坂で行き倒れになったという。それへの悲嘆同情の歌であるが、その後半を掲げよう。

……今だにも　国にまかりて　父母も　妻をも見むと　思ひつつ　行きけむ
君は　鶏《とり》が鳴く　東《あづま》の国の　恐《かしこ》きや　神のみ坂に　和《にぎ》たへの　衣寒《さむ》らに　ぬ
ばたまの　髪は乱れて　国問へど　国をも告《の》らず　家問へど　家をも言はず
ますらをの　行きのまにまに　ここに臥《こ》やせる

足柄の木々の繁茂する険しい山道は、確かに「恐きや　神のみ坂」でもあったのである。

そういえば、『古事記』に語られる英雄ヤマトタケルも、その東征の旅の途次、この足柄の坂で神の難に遭っている。

足柄の坂本に到りて、御粮《みかれひを》食《お》す処に、その坂の神、白き鹿《か》に化《な》りて来立ちき。しかしてすなはち、その咋《く》ひ遺《のこ》したまへる蒜《ひる》の片端もちて、待ち打ちたまへば、その目に中《あた》るすなはち打ち殺さえき。かれ、その坂に登り立ちて、三たび嘆かして、

あづまはや

と詔《の》らしき。かれ、その国を号《なづ》けて、あづまといふ。

大和朝廷に従いそうにもない足柄の坂の荒ぶる神が白鹿となって現れたところを、タケルは強烈な臭気で邪気を払う蒜を用いて神を退治する。そのとき幾度もため息をついて発する「あづまはや」の言葉とは、タケルの難を救うべく自ら犠

◆足柄峠の頂上付近には、要所を守る関所が設けられていた。現在、その正確な位置は定かではないが、ひっそりと記念碑がたたずんでいる。

牲となって走水《はしりみず》の海（浦賀水道）に入水《じゅすい》した妻のオトタチバナヒメへの、やみがたい追憶の念から出た、「我が妻よ」という愛憐の叫びであった。

物語ではこの言葉に付会して、これ以後、足柄山より東方を東国《あづま》と呼ぶようになったとする語源説話的な説明まで記している。これは、悪神を征討して東国を大和朝廷の管理下に秩序づけるのに成功したタケルの英雄像の一面にもなっている。

こうして足柄の坂は、もともと荒ぶる神のありかであったが、後世においても木々の鬱蒼と生い茂る険しいその山路は、不気味で恐ろしい山地であるとされる。それにもかかわらず、都と東国とをつなぐ交通の要所であった。

足柄での幻想的な一夜

ここで『更級日記』に戻ろう。少女時代の作者を含めて、一行は麓に宿をとった。

月もなく暗き夜の、闇にまどふやうなるに、遊女《あそび》三人、いづくよりともなく出で来たり。五十ばかりなる一人、二十《はたち》ばかりなる、十四五なるとあり。庵《いほ》の前にからかさをささせて（遊女たちを）据ゑたり。をのこども、火ともして見れば、昔、こはたと言ひけむが孫といふ、髪いと長く、額《ひたひ》いとよくかかりて、色白くきたなげなくて、「さてもありぬべき下仕へなどにてもありぬべし」など、人々あはれがるに、声すべて似るものなく、空に澄みのぼりてめでたく

▼東海道ミニガイド
神奈川県南足柄市—②

◆古代から東西の人が行き来した足柄道には、長い歴史を感じさせる場所も多い。

◆峠の東側の麓に発達した宿場の集落には、室町時代の作と伝えられる地蔵菩薩を祀る小さなお堂がみられる（右写真）。

歌をうたふ。人々いみじうあはれがりて、け近くて、人々もて興ずるに、「西国の遊女《あそび》はえかからじ」など言ふを聞きて、「難波《なには》わたりにくらぶれば」とめでたくうたひたり。

もともと昼でさえも暗く寂しい山麓なのに、夜になって月も出てくれない。その漆黒の闇の中に忽然と現れ出たのが三人の遊女たち。彼女たちの比類ない美声は空に澄みのぼるばかりだが、その歌舞を演じ終えるとふたたび闇の中に消え去っていく。まさに幻想としか言いようのない感動だ。

その歌舞の主役になっているのは、「こはた」とかいった昔の遊女の孫にあたる「二十ばかり」の女であろう。彼女は髪が長く、額髪がまことに美しく垂れかかって、色白で垢ぬけていた。この美形ならば都の貴族の邸に雑用役として仕えても何の支障があろうかとの評言は、身分卑しい遊女にとっては望外の誉め言葉である。

さらに、西国の遊女でもこれほどすばらしい芸は見せてくれまい、と言う絶賛に対して、「難波わたりにくらぶれば」と即興の今様歌で応ずるところにも、すぐれた芸能者としての機知があふれていたというのである。

右にいわれている「西国の遊女」とは、江口《えぐち》（現在の大阪市東淀川区）や神崎《かんざき》（兵庫県尼崎市）あたりの遊女で、船の停泊地を根拠地としていた。平安時代には、そうした遊女を「遊女《あそび》」と称し、陸地の宿場を根拠地とするのを「傀儡《くぐつ》」と呼んで区別していたらしいが、旅路の要所要所にあって旅人の一時《いっとき》の歓楽のために歌舞の芸を提供するという点では変わりがない。[注1]『和漢朗詠集』に載る遊女の歌がそうした事情を想像させてくれる。

白波の寄する渚《なぎさ》に世を過ぐす　海人《あま》の子なれば宿も定めず

「白波」に「知ら（ず）」を掛けた表現で、「あなたのお尋ねの私は、名も住まいも知らない」ぐらいの意。遊女が水辺の要所に暮らしているところから「海人の子」などとしているが、だいじなことは、遊女なるがゆえに自分の素姓を明かさない

◆峠の頂上、かつての関所周辺は、神奈川県と静岡県の県境。かのヤマトタケルが、海に沈んだ妻・オトタチバナヒメを偲んで「あづまはや」と詠ったのもこの地。左写真は、弘法大師・空海が奉納したとされる大聖歓喜双身天を祀る聖天堂。

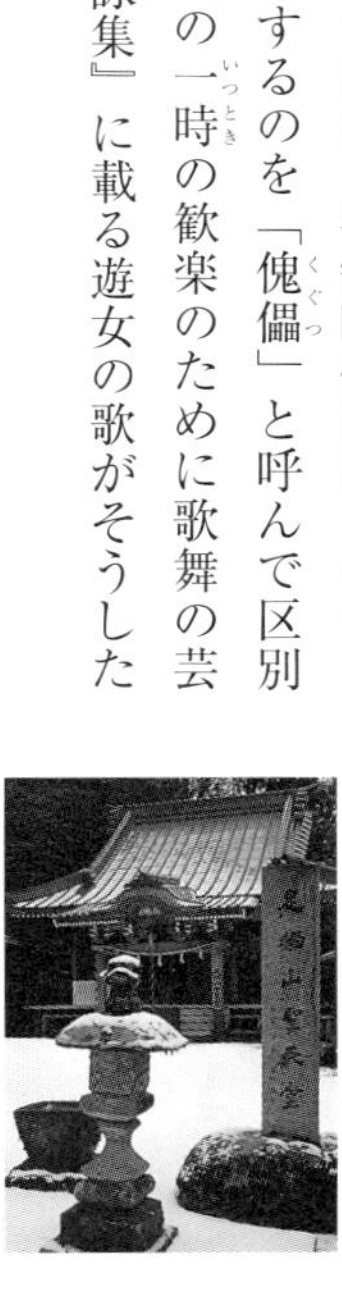

[注1] **和漢朗詠集** 朗詠するのにふさわしい漢詩句と和歌を、同じ題のもとに配列した詩歌集。十一世紀はじめの成立で、撰者は藤原公任（きんとう）。

という点である。遊女は行きずりの旅人とは別世界の住人であり、その旅人とははかない歓哀の瞬時を分かちあう関係でしかない、としているのである。

また、こうした遊女たちが、信仰を持ち歩く巫女《みこ》の後裔であるとする考え方にも、あらためて注意される。ここでの足柄の遊女に即して考えてみると、もともと坂の神の存在する信仰の場でもあったと考えられるからである。足柄の山麓の暗闇のなかに幻想のようにたち現れた遊女の美しい姿とすばらしい芸は、あたかも神女の幻影であるかのように、一時の歓楽をもたらしたのである。

【遊女の境涯に思いをいたす】

しかし『更級日記』の作者が目を凝らしている遊女像には、そのような非日常的な美的感動とともに、もう一つの複雑な感懐もこもっているように思われる。遊女たちの中心は「二十ばかりなる」女ではあるが、なぜ、他に「五十ばかりなる一人」と「十四五なる」女も加わっていたとする記憶を、書き加えねばならないのか。

おそらく、当時十三歳の少女であった作者と、今現在この作品を執筆している五十歳過ぎの作者とが、ここに重ねあわされているのであろう。彼女たちは、女盛りが過ぎて老い衰えた今も男たちの歓楽に奉仕しなければならぬ女、幼さを宿しながらも芸の身を人前にさらさねばならぬ娘である。

さまざまな体験を重ねて晩年を迎え、阿弥陀仏に救いを求めようともしたこの作者にしてみれば、遊女たちのはかない身の上と、自分自身の人生とがどれほど違うというのか。はるかな昔、純真な少女の脳裏に焼きついた幻想の美しさが、老境の心には人間世界のはかない幻として再現しているように思われる。

『梁塵秘抄《りょうじんひしょう》』[注2]に、親もとを離れて各地を転々とする歩き巫女になったらしい、わが娘を想像する歌がある。

わが子は十余になりぬらん　巫《かうなぎ》してこそ歩《あり》くなれ　田子の浦に潮踏むと
いかに海人集ふらん　正《まさ》しとて問ひみ問はずみなぶるらん　いとほしや

娘の占いを人々がなぶりものにしているかしら、かわいそうな娘よ、という母の切ない歌である。できれば想像したくもない風景を思いめぐらしている。

幼いころの遊女の幻想的な記憶をあらためてよみがえらせる老境の作者に、こうした歌を重ねて読むのは、深読みにすぎるだろうか。

[注2]**梁塵秘抄**
平安時代後期に流行した今様などの歌謡を、十二世紀後半、後白河上皇が編集した歌謡集。

［第3章］

芸能者たちの東海道

能『源太夫』

街道の守護神・熱田宮信仰の結晶

●児玉信・文 text by Makoto Kodama

古代、ヤマトタケル東征の折に尾張の地でタケルを家に泊め、みずからの娘である宮《みや》簀《ず》媛《ひめ》をめとらせた地主神、源太夫。後にこの神は、東海道守護の神として熱田神宮の摂社に祀られることになる。この神を主人公とした能の背景から、「芸所」ともいわれる土地・尾張と「源太夫」という神の名前の強い結びつきがしだいに浮かび上がってくるのだ。

【熱田の地と東海道】

熱田神宮の境内、南神池のほとりに、二十五丁橋とよばれる石造りの橋が架かっている。名古屋で最も古い石橋といわれているが、木立の中に静もって苔むす姿は美しく、何となく近寄りがたい雰囲気を漂わせている。

その二十五丁橋のたもとに、こんな歌碑が置かれている。

宮の熱田の二十五丁橋で　西行法師が腰をかけ　東西南北見渡して　これほど涼しいこの宮を　たれが熱田と名をつけた

江戸から明治にかけて流行した名古屋甚句《じんく》の歌詞である。

二十五丁橋は、さほど大きくはないが反りの高い橋で、湾曲したこの急斜面を西行はどのように登って腰かけたのか、姿を想像するとおかしい。たぶん一度や二度は、すべり落ちたであろう。名古屋甚句は酒盛歌のひとつ。旅する歌僧として高名な西行を戯《ざ》れめかして酒席を楽しんだ、人々の心のほどがしのばれる。

ところで、庶民たちに皮肉っぽくからかわれた西行像にも興味が湧くのであるが、私は先の甚句で「？」をつけられた、「たれが熱田と名をつけた」というフレーズに、より引かれるものがある。

実をいうと、熱田という地名の起こりが、よくわかっていない。『尾張国熱田太神宮縁起』に、熱田社が鎮座する地に一本あった楓が自然発火し燃えた、水田がいつまでも熱かったので、この社を熱田社と号した……という伝えが記されているらしいが、もとより確証のある説とは受け取られていない。私はひとり面白がって、あるいは紅葉が水田に赤々と照り映えるさまが、長く人々に記憶されたのか、とも思ってみるのだが。

［二十五丁橋］　熱田神宮内の二十五丁橋。二十五枚の石板でできているためこの名がついたという。

名古屋市の熱田神宮境内。随所に建つすがすがしい白木の鳥居が鬱蒼とした神苑の木漏れ日に映える。

熱田という今の地名が、熱田社に拠るものであることははっきりしている。その熱田社は、この辺りを治めていた豪族・尾張氏が祀り、敬ってきたのが始まりだという。のち景行《けいこう》天皇の皇子ヤマトタケルが東征した折、当時の尾張国造《おわりのくにのみやつこ》・建稲種命《たけいなだねのみこと》の妹、宮簀媛《みやずひめ》と結婚するに及んで、神格が高められた。神話は語り継がれ、ついには伊勢の神宮に次ぐ大宮になっていった……こんな経緯をたどる。

　八世紀の初めに大和朝廷は行政区画としての海道の制を定めた。いわゆる「五畿七道」だが、七道のひとつが伊賀・伊勢・志摩・尾張・三河・遠江・駿河・伊豆・甲斐・相模・武蔵・安房・上総・下総・常陸の十五カ国に及ぶ東海道。そしてこれらの国府をつなぐ幹線道路が、狭義の東海道だった。尾張では、熱田社のそばを通った。早くから門前町が発展し、重要な宿駅になっていたことをものがたる。

【中世の熱田信仰】

先ほど西行の名をあげた。平安末期の人である西行の目に熱田がどう映ったかは、記録に残っていないようだ。ずっと時代は下って、室町末期の連歌師・宗長（一四四八〜一五三二年）が、当時の熱田の様子を伝えている。現在の名古屋市熱田区白鳥町にあった旅宿・滝之坊で連歌会を興行した大永六年（一五二六年）時の見聞である。

熱田宮社参。宮めぐり屋しづかに、松かぜ神さびて、まことに神代おぼゆる社内、この御神は東海道鎮護の神とかや。宮の家々、くぎぬきまで、潮の満干、鳴海・星崎、松の木の間このま、伊勢海見はたされ、ここの眺望、たがことの葉もたるまじくなむ。（略）

宮をたちて四・五町、松原にかねてさきだち、宮の若衆・僧俗色々さかなもとめてたび〳〵うたひまひ、つづみ・笛、輿に入りし。心易といふざれ法師又興ありしなり……

（岩波文庫『宗長日記』より）

［熱田神宮本宮］三種の神器のひとつ、草薙剣を御霊代（みたましろ）とする天照大神を主祭神とし、剣にゆかりの素盞鳴尊（スサノヲノミコト）、日本武尊（ヤマトタケルノミコト）も祀られる。

熱田社の神域の清浄、遠く松原越しにみる鳴海・星崎など歌枕はじめ、伊勢の海沿いの景色の並々ならぬ美しさ。それに対比するかのような町のにぎわいだったのであろう。やがて、うちとけた連歌の会に時を過ごした宗長であるが、いよいよ宮を発つ折は別れを惜しみ、松原で僧俗入り乱れて、酒宴に興を添える歌や踊りを互いに催促しあって楽しんだらしい。心易という遊芸の僧も混じっていたこの海辺の描写は、深く印象に残る。印象に残るといえば、右の文中で宗長が熱田社について、「この御神は東海道鎮護の神とかや」と述べているのも、私の心を少なからず誘う点だ。いつ頃からなのかははっきりしない。中世には、熱田社が東海道の鎮護の神であると信じられるようになっていたのだが、その信仰に材をとった『源太夫《げんだゆう》』という能を思い出すからだ。前半がこんな筋になっている。

【能『源太夫』の背景】

熱田宮はとりわけ霊験あらたかな神々を祀るというので、宣旨《せんじ》を受けて臣下たちが参詣に赴いた。都からはるばるの道のりを下るうち、まだ夜の明け切らぬ神域に着く。心静かに参拝しようと、すぐ神前に額ずいた。と、そこへ箒を手にした老人夫婦がやってきた。こんな早くになぜ、と不思議に思った臣下が、宮人なのかと声をかける。二人は御垣守《みかきもり》と答え、古び破れた神垣をつくろい、神の庭を掃き清めて信心すると言葉を継いだ。臣下が、とりわけ当社の御垣をつくろう訳は、と聞く。二人は、むかしスサノヲが櫛稲田姫《くしなだひめ》と結婚して出雲の国に宮造りされた時、「八雲立つ出雲八重垣《やえがき》つまごめに八重垣つくるその八重垣を」と詠われたが、その出雲の大社と熱田の宮は御一体という由緒があるのだから、御垣をつくろうのは自然なこと、とまた答えた。

能『源太夫』。世阿弥の伝書にも出てくる、古い作。後シテは悪尉（あくじょう）という面をかけた老体で現れ、街道鎮護の神にふさわしく、荘厳な舞楽を舞う（演者・桜間辰之／撮影・森田拾史郎）。

そして二人は、この熱田にとどまったヤマトタケルこそはスサノヲの再来と述べ、スサノヲが出雲簸《ひ》の川上で八岐大蛇《やまたのおろち》を退治した時、その尾からみつけた天叢雲剣《あめのむらくものつるぎ》が時を経てヤマトタケルの御佩《みはかし》になり、草薙剣《くさなぎのつるぎ》と名を改めて熱田八剱《やつるぎ》の宮に祀られていることを語る。さらには、熱田の摂社・氷上《ひかみ》の明神はスサノヲの妻・櫛稲田姫であり、父の老翁も源太夫と変じて、東海道の旅人を守るため熱田の摂社としておさまったのだと神秘を教えた。

あまりのありがたさに驚いた臣下が二人に名をたずねる。すると、櫛稲田姫の母・手摩乳《てなずち》、父・脚摩乳《あしなずち》と名のり、臣下を守るため源太夫の神の姿を顕したのだと明かして、どこへともなく消えてしまった。

熱田社は、ヤマトタケルが妻の宮簀媛にあずけた天叢雲剣（草薙剣）を主祭神に、天照大神・スサノヲ・ヤマトタケル・宮簀媛・建稲種命の五神を祀る。そのほか別宮の八剣宮《はっけんぐう》はじめ上知我麻《かみちかま》神社・下知我麻《しもちかま》神社・氷上姉子《ひかみあねこ》神社といった摂社を擁している。ちなみに上知我麻神社は、尾張の地主神・乎止與命《おとよのみこと》を祀るのであるが、この神は宮簀媛・建稲種命の父にあたる。そして中世以来、源太夫と呼ばれたのだった。

下知我麻神社には乎止與の妻・真敷刀俾《ましきとべ》が祀られ、紀太夫とも呼ばれた。氷上姉子神社の祭神は、宮簀媛である。

能『源太夫』はこうした図式をふまえ、天叢雲剣＝草薙剣、スサノヲ＝ヤマトタケル、櫛稲田姫＝宮簀媛、脚摩乳＝源太夫という理解のもとに作られたことになる。

能の後半、こんどは恐ろしい相貌の老神となって臣下の前に顕れた源太夫は、

［上知我麻神社］祭神は乎止與命。俗に源太夫社といい、はじめは宮の渡しを控えて栄えた宿場の中心地にあり、住民や漁民の信仰があつかったという。のちに、熱田神宮の摂社となり、神宮境内の南端に鎮座する。

「昔も打ちたる太鼓の御役。今も妙《たえ》なる秘曲を添へて」と述べて、ゆったりと力強い舞楽を舞ってみせる。源太夫は、ヤマトタケルが初めて尾張に来た時、家に泊めたと目されている神だ。臣下へのもてなしに舞を舞うのも、意味あることだった。夜明け頃、都に帰る勅使への名残に源太夫は「還城楽《げんじょうらく》」を舞う。この曲は「見蛇楽」の別名を持つ。唐の明王が韋后《いこう》を討って都に還り作ったといわれ、その後宗廟でこの曲を奏すると、明王の霊が蛇になって現れ喜んだというから、『源太夫』の作意は細かい。

【太鼓と尾張氏と源太夫】

さてそこで、「源太夫」の名がどうして乎止與命につけられたのか、なぜ「太鼓を打つ役は源太夫」なのか、ということになるのだが、これがなかなか難しい。

乎止與命、つまり上知我麻神社は、今は熱田神宮一の鳥居に向かって左手に、八剣宮と並ぶように建っているが、もともとは境外摂社で、市場町にあった。東海道筋であり、悪霊の侵入を防ぐため道の辻や村の境などに祀られる塞《さえ》の神のような性格も持つと考えられるから、東海道の守護神という信仰が生まれるのは不思議でなかろう。ついでに塞の神は道祖神で、岐《くなど》の神と同義。さえぎる意で、たとえば男女を象る陰陽石なども信仰の対象になった。能『源太夫』の前半に登場

〔下知我麻神社〕乎止與命の妻を祀る。俗に紀太夫社とも。神宮の北端に鎮座。

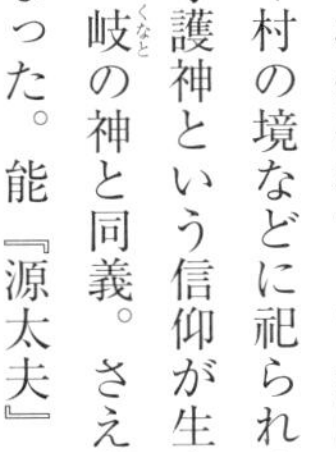

〔都々逸発祥之地の碑〕裁断橋の脇に建つ。宮宿の花街で誕生したという都々逸節。芸どころの尾張を実感させる。

［裁断橋］宮宿の東の端を流れていた精進川に架けられていた。この橋は、戦国期に秀吉の小田原攻めの戦で息子を死なせた母が、その三十三回忌に橋の架け替えをした際、欄干の擬宝珠（ぎぼし）に彫ったという文で世に知られる。末の世まで子を思う親の気持ちを表す名文として、宿の名所となった。現在、本物の擬宝珠は名古屋市博物館に保管されている。

する御垣守が夫婦であることが、思いあわされる。

話を進めよう。熱田社には「蘭陵王《らんりょうおう》」「納曽利《なそり》」ほかの舞楽面が残り、今も五月一日の舞楽神事で舞われてもいる。「還城楽」はレパートリーのひとつだ。社務所には「蘭陵王」「納曽利」と「加陵頻《かりょうびん》」「胡蝶《こちょう》」の色彩鮮やかで可愛い土鈴が用意されているのも床しいのだが、それらが示すように、古くから舞楽の伝統があった。

特に「蘭陵王」は、現在のベトナム中部にあたる林邑《りんゆう》の僧・仏哲が唐招提寺に伝えた楽だが、八世紀中頃に、女帝の孝謙天皇が尾張浜主《おわりのはまぬし》に、一部を改作させたという。尾張浜主は従五位下を賜った楽人で、舞の名手。名字からは尾張氏との関わりが深いことが偲ばれる。

「蘭陵王」は、中国北斎の王・長恭が、自分の顔が美しいので、戦場では兵の士気をあげるため猛々しく荒々しい仮面をかぶっていた故事による曲で、ある時大勝利に喜んだ兵士たちが作ったという。剣を御神体とする熱田社にとって、尾張氏にとって、名誉の曲でもあった訳だ。

太夫は、神主の俗称でもある。源頼朝は、母が熱田大宮司・藤原季範の娘であったので、熱田社を「外威之祖神」と呼んで崇敬したことが知られているが、『屋代本平家物語』の「剣之巻」には、頼朝が源氏の重代髭切丸《ひげきりまる》の太刀を相伝した話とともに、ヤマトタケルが熱田松子の島の源太夫の家に泊まり、美しい娘の岩戸姫と一夜の契りをしたと記されていることを思うと、こうしたもろもろが、源太夫の名の起こりにも、太鼓とのつながりにもからんでくるのかと勝手な想像をしたくなる。

【のちの世まで生きる神話の世界】

源太夫といえば、尾張・伊勢のあたりには獅子頭を御神体として奉り、獅子舞などを演じて家々を祝福して回る一団がある。伊勢大神楽《いせだいかぐら》と呼ばれるが、熱田から海上七里ほどをへだてた桑名が有名な伝承地で、そこには「源太夫」を名のる親方の家があるのだった。

今、思い出した。愛媛県北条市を中心に伝承されている伊予万歳のもとは、尾張万歳である。桑名城主であった松平定勝の子定行（徳川家康の異父弟にあたるそうだ）が松山城へ移封された折、尾張万歳師を招いたのが始まりというのだが、太鼓・三味線・付拍子で囃すその太鼓役を、太夫と呼んでいるのは何故だろう。

もう一つ。ヤマトタケルは尾張地方に農耕・養蚕・培綿の技術を伝えたとされているのであるが、どうしても武神としての面影が濃いのは草薙剣の持ち主であればやむを得ないところだ。その草薙剣が熱田に祀られる前の一時期祀られていたといわれるのが、宮簀媛を祭神とする氷上姉子神社。緑区大高に鎮座する境外摂社であるが、摂社の筆頭というこの神社が、近年脚光を浴びているらしい。ヤマトタケルの勝ち戦の出発点で、無事に帰り着いたところとみなされ、会社を新しく興すという人たちにもてはやされているというのだ。ヤマトタケルは、現代に生きていた。

江戸中期の安永四年（一七七五年）に刊行された『物類称呼《ぶつるいしょうこ》』という本がある。日本最初の方言辞書なのだが、その巻二、動物篇の〝うなぎ〟の項は、大伴家持の万葉歌「いしまろに何ものまうす夏やせによしといふ物ぞむなぎとりめせ」などを引いてうんちくを傾ける。そのしめくくりに、お笑い草として載っている話が面白い。

識者のいはく、尾張一宮にて鶏卵《たまご》を食せず　神代巻発端にはゞかるとぞ
同津島にては鳥を食せず　そさのおの烏の字　烏に書たる本を見しより也
熱田には筍《たけのこ》を食せず　やまとだけにてまします故となん　手を打て笑ふべき
にもたへず

（岩波文庫本）

縁起かつぎの種は尽きないのであった。

神楽・門付・大道芸

旅する芸能者の群像

●児玉信・文 text by Makoto Kodama

街道を往来し津々浦々を巡り、
祝福と愉しみを与え歩いた芸人たちがいた。
港町の夜更け、
紅燈の巷に流れる三味線の音色。
はたまた、
彼らの到来を心待ちにする
農村の子どもたち。
そうした諸々の生活を背景に、
数知れない芸能者たちが旅に生きたのである。

【弥次さん北さんと流行歌】

宮重《みやしげ》大根のふとしくたてし宮柱は、ふろふきの熱田の神の慈眼《みそなは》す、七里《しちり》のわたし浪ゆたかにして、来往の渡船難なく、桑名につきたる悦びのあまり……

十返舎一九《じっぺんしゃいっく》『東海道中膝栗毛』五編上の書き出しである。尾張国熱田の宮の宿から伊勢国桑名へ到る海上七里の船旅の、つつがないさまを描いている。

宮柱ふとしきたてて萬代《よろづよ》に　今ぞさかえむ鎌倉の里　源　実朝

（『金槐和歌集』巻之下）

あきづ島　大和の国の　橿原《かしはら》の　畝傍《うねび》の宮に　宮柱　太知り立てて

天の下　知らしめしける　皇祖《すめろき》の……　大伴家持

（『万葉集』巻二十）

など、和歌の伝統をふまえ、尾張国宮重の特産で、太くやわらかく甘みに富む尾張大根を持ち出して熱田社の神徳をたたえるのが、面白い。ふろふきに添えた練り味噌は、この場合、岡崎の八丁味噌であろうか。関東のとも関西のとも違う、名古屋風おでんも思いあわされる。

ところで『膝栗毛』は、弥次・北コンビが行く先々で繰り返すしくじりを、狂歌に洒落のめして次へ移る……こんなスタイルをとっているのであるが、その狂歌とともにふんだんに盛り込まれる俗謡が、私には興味深い。五編上の桑名宿では、

しぐれはまぐりみやげにさんせ、宮のお亀が情所《なさけどこ》　ヤレコリヤ、よヲしくよし

［七里の渡し跡］名古屋市南部の宮宿（熱田）から、船で桑名宿まで渡るのが昔の通常の旅ルート。現在は埋め立てにより航路はすべて陸地になっている。渡し場の名残は鳥居にのみ見いだされる。

という、ちょっと色っぽいはやり唄や

ふねはナア　追手にほかけてはしる
ナアンエ。はやくサア。あつ田に泊
りたやナアンアエ。

という長持人足の唄が紹介されている。

はやり唄は、特に江戸時代に多くの人びとが愛唱した歌をさす。長持唄は、現在は婚礼の荷物を長持に入れて運ぶ折の祝い歌の意味合いが強いが、もともとは街道を往き来する荷運び人足たちが道中歌として歌ったのだった。木曽・長良・揖斐という、いわゆる木曽三川が伊勢湾に注ぐあたりに商人の港町として拓けた宿場町・桑名。にぎわいは中世以来つづくようであるが、桑名、そして海をへだてた尾張側の宮のにぎわいも、伊勢参りであろう旅人たちの明るくはずみあるはやり唄の歌声と、勇み肌の人足たちの渋く張りのある喉とともに聞こえてくるようだ。

【お伊勢さんとお座敷唄】

今、伊勢参りと言った。弥次さん北さんは桑名の次の宿場・四日市で一泊し、翌日は「右京大坂道　左いせ参宮道」とある日永《ひなが》の追分で、伊勢道を選ぶのであったが、その伏線といおうか、宮の宿屋で、となりあった瞽女《ごぜ》さんたちの伊勢音頭や、揉み療治に来た按摩さんの甚句《じんく》を聞いてもいる（『膝栗毛』四編下）。

はなもうつろふあだ人の、うはきも恋といはしろの、むすびふくさのときはどき　ハリサコリヤサ　よい〳〵〳〵よいとなア、ツテチレ〳〵

（伊勢音頭）

ジヤヾジヤン〳〵、エヽヽヽよふたよた〳〵五しやくの酒に、一合のんだらさままたよかろ　やとさのせ〳〵〳〵

（甚句）

ツテチレ〳〵は、三味線の音。ジヤヾジヤン〳〵は、口三味線だ。対比が面白い。伊勢音頭は、伊勢参りが盛んに行われた江戸中期に、地元の古市や川崎の花街で流行っていたお座敷唄で、客が習い覚えて地方に持ち帰り、広く歌い継がれた。

享保年間（一七一六〜三五年）に遊女が名古屋の盆踊り用の木遣《きやり》節を移入し、三味線にのせて歌ったのが始まりというのだが、更にさかのぼれば、二十年ごとの遷宮にあわせ、木曽山中から伊勢神宮へ運ばれる御用材を宇治山田の氏子たちが曳いた、「御木曳《おきひき》木遣」など行事唄に起源が求められるらしい。歌に歴史あり、である。

甚句は、名称の由来がよくわかっていない。盆踊り歌や、酒盛りの踊り唄として歌われた。ふつう七・七・七・五調の詞型を持つ。私の耳に馴染む伊勢音頭の歌詞「伊勢は津でもつ　津は伊勢でもつ　尾張名古屋は城でもつ」も同型だが、実は尾張熱田が発祥の地だというどどいつも、七・七・七・五を詞型にするのだった。

【東海道を往来した歌もある】

おかめ買う奴　頭で知れる　油つけずの二つ折れ　そいつはどいつじゃ　どいつじゃ

宮の渡し跡が残る、名古屋市熱田区神戸《ごうど》町。右はその名を冠した神戸節の一節で、「そいつはどいつじゃ」という囃子詞《ことば》が、のちに「どどいつどいどい　浮世はさくさく」と変わり、節の名も「どどいつ節」となって広まったといわれる。

そのどどいつ節に創意を加え、江戸で人気を得た寄席芸人がいる。初世都々逸《どどいつ》坊扇歌《ぼうせんか》（?〜一八五二年）だ。常陸国に医師の子として生まれたが、弱視になったため三味線を習った。十七歳で家出して、流しの三味線弾きになり、門付《かどづけ》をしながらよしこのなどを歌っていた、と伝わる。江戸に出たのは二十一歳の頃らしい。寄席では、客から題を出させて、即興で歌い返す謎解きや、曲弾きなどもみせたようだ。

扇歌が初め歌っていたよしこのは、一八二〇年代に江戸・名古屋・大坂の宴席で大流行した。確証はないが、常陸国潮来《いたこ》地方の舟唄、あるいは遊女の船遊び唄であったらしい潮来節の流れであると指摘されている。潮来は東北地方の米を江戸へ送る水運の要所で、鹿島神宮・香取神宮への参拝客でもにぎわった。安永四年（一七七五年）に刊行された洒落本『寸南破良意《すなはらい》』にこんな会話が出てくる。江戸の新開地霊岸島《れいがんじま》の遊郭での、客と女郎のやりとりである。

> サアつれぶしで。いたころうてはなへか
> よしなんし。あんまり。さはぎなんすな。
> （中央公論社『洒落本大成』第六巻所収）

いたころう——は、潮来節を歌うことをいったのである。当時の江戸での流行ぶりがみてとれるが、常陸生まれの扇歌が、門付で潮来節を歌わなかったはずが

ない。扇歌は、贅沢を禁じ風俗の乱れを正そうとした幕府の天保の改革（一八四一〜四三年）を嫌って、名古屋・京・大坂を巡業した。私の頭の中では、潮来節・よしこの・どどいつ・神戸節は、一本につながっている。

【港町と門付芸人】

この辺でもう一度、桑名へもどりたい。先に、桑名は商人の港町として拓けたと書いた。江戸時代には桑名の米相場が、江戸の相場を左右するほどであったという。繁盛ぶりが偲ばれる。そんな中で、花街の騒ぎ唄として歌われたのが「桑名の殿さん」であった。

桑名の殿さん　桑名の殿さん　時雨で茶々漬……

ここに出てくる殿さんは米成金の大坂商人のことで、しぐれ蛤の佃煮をおかずにして茶漬で腹を満たす様子を、しわいと皮肉ったのだという説があるのが、いっそ楽しい。ヤットコセーヨーイヤナという囃子詞から、御木曳唄の流れであることが解るのだが、蛤は桑名名物だけによくとれて安かった、だからきっと、と金の貯めぶりをうがってみせたというわけだ。

［九華公園掘割］海に面していた桑名城は、明治維新で破壊され、現在公園になっている。掘割は船溜りとなっていて、かつての港町の雰囲気を伝える。

港……といえば、桑名の花街を舞台にする泉鏡花《いずみきょうか》の小説『歌行燈《うたあんどん》』は、『膝栗毛』四編下や五編上の筋が趣向として生かされているが、ここには湊屋という旅籠屋が出てくるのだった。「部屋々々も昔風其《そ》のままな家《うち》ぢゃに、奥座敷の欄干《てすり》の外が、海と一緒の、大《いか》い揖斐の河口ぢゃ。白帆の船も通りますわ。鱸《すずき》は刎《は》ねる、鯔《ぼら》は飛ぶ、頓《とん》と類のない趣のある家ぢゃ」と描写される。現在、船馬町に残る料亭の船津屋《ふなつや》が、そのモデルといわれる。

小説は、能楽界の鶴と将来を嘱望されながら、慢心から伊勢古市の按摩で謡天狗だった宗山という男を憤死させたために、叔父・恩地源三郎の怒りを買い破門された喜多八と、宗山の娘で、父親亡きあと鳥羽の苦界に落ちて転々とし、辛酸をなめるお三重の、運命のいたずらを描く。喜多八は三味線一挺にすがって門付《かどづけ》をしながら世を渡る芸人に落ちぶれている。一方お三重は、よしこの一つ、上方唄でも、三味線がペンともシャンとも弾けない芸者。面影を互いに胸に秘めつつ離ればなれになっていたその二人が、湊屋の座敷と塀外に居ながら終に逢えない結末に、哀れ漂う。

明治の話だが、今、たそがれの船津屋の前に立つと、「白地の手拭、頬被《ほおかむり》、すらりと痩ぎすな」喜多八の

［船津屋外観］港町の夜、灯影あざやかに浮かび上がる姿は、鏡花の小説さながら。かつては裏庭が揖斐川河口に面し、直接船に乗り降りもできたという。

博多帯しめ、筑前絞、田舎の人とは思われぬ、歩行《ある》く姿が、柳町……

という博多節を聞いてみたいし、「ああ、白魚の指に重さうな、一本の舞扇」を開いて、それだけはお三重が舞える仕舞「玉之段」を見たい気になる。ちなみに、鏡花の最晩年に久保田万太郎が『歌行燈』を脚色した。その万太郎が、岩波文庫本『歌行燈』のために寄せた解説文が心に沁みる。

旅する神楽師たちの里

　桑名ではもうひとつ、伊勢大神楽は忘れられない。JR関西本線の桑名駅を挟んで、船津屋とは反対側に位置する「太夫《たゆう》」という集落に、神楽師たちが暮らしている。

　毎年十二月二十四日、守護神を祀る増田神社で全員が集まって獅子舞などを奉納し、翌年の元日を期して、十人ほどでチームを組み、近畿・北陸・中国・四国などそれぞれのお得意先を巡業して行く。小さな祠を載せた長持に、獅子頭や芸能に使う道具など、旅に必要な一切を納め、町・村を訪れては、お祓いをして伊勢神宮のお神符《ふだ》を配り、信仰を広める。笛・小太鼓・銅拍子（チャンギリ）・ササラといった楽器で囃しながら行う芸能は、放下芸《ほうかげい》の面影が濃い。放下芸は、室町か

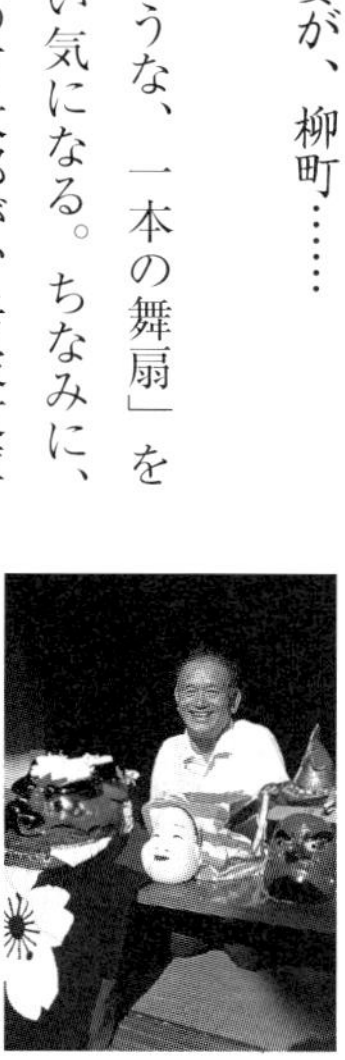

［山本源太夫氏］重要無形民俗文化財にも指定されている伊勢大神楽の団体、伊勢大神楽講社のとりまとめ役。自宅隣りの増田神社は神楽師たちの拠点。現在も、次代を担う息子さんたちが各地を巡業中。

ら江戸時代にかけて流行した見世物的大道芸で、ササラやコキリコを鳴らしつつ、歌舞・手品・曲芸などを演じてみせた。いい換えれば放浪の芸で、伊勢大神楽はその点でも、現今ではほとんど唯一、面影を伝えるといってよい。

大道芸は、もと辻芸とも呼ばれた。道ばたや寺社の境内、盛り場など、人の集まりやすい場所で芸をし、観客から投げ銭をもらったり、物品を売ったりすることからの謂《いわれ》である。傀儡師《くぐつし》（人形まわし）や放下師《ほうかし》、絵解きや歌比丘尼《びくに》、猿廻し、願人坊主《がんにんぼうず》などが範疇に入る。また、家々を訪ねて芸をし金品を得るのが、門付といわれるもので、新春など決まった時季にあらわれ、賀詞を述べてまわった。千秋万歳《せんずまんざい》、門《かど》説教といったものがこれにあたる。もっとも大道芸・門付の不分明なものも多かった。

今、鳥追《とりおい》と呼ばれた門付の女芸人を思い出している。鳥追は、もともとは稲など

［伊勢大神楽の獅子頭］増田神社に奉納されている、室町時代の作と伝わるもの。大神楽の長い歴史を示すものだが、よく見ると、獅子頭のデザインも時代とともに流行があることがわかる。

に害を与える鳥を追う真似をした、小正月の予祝《よしゆく》の民俗だったのであるが、次第に芸能化した。江戸時代、菅笠《すげ》をかぶり、三味線を弾きながら浄瑠璃などを唄う、女太夫という門付芸人があった。この人たちが正月だけ菅笠を編笠に換え、

千町や万町の鳥追いが参りて……

などと唄って家々を巡るとき、特に鳥追と呼ばれたのだった。『東都歳時記』のさし絵でみる鳥追は、二人連れになっている。この形が多かったのであろう。明治には姿を消してしまったが、文化十三年（一八一六年）に初演された「女太夫」という舞踊に、風俗の面影が残る。一人で登場するのだが、「ひがし上総の夷隅《いちみ》の郡《こおり》村のこなをば金置村よ……」の歌詞につれ四つ竹を鳴らし踊るのが見せどころ。四つ竹は、竹片を二枚セットにして両手に握り持ち、手のひらを開いたり閉じたりして鳴らす楽器で、拍子をとりながら踊りも踊った。放下師の芸のひとつでもあった。

失われ行く街道の芸能

珍しい狂言を紹介してみたい。加賀百万石の十代藩主・前田重教の命によって作られたという『宮廻り』である。

伊勢大神宮に仕える御師《おし》（下級の神職で太夫ともいった）が、東国から参宮にやって

きた道者たちに、いろいろ辺りの様子を案内する内容なのだが、次のやりとりに私はとても惹かれる。

扨《さて》これは相《あい》の山。あの比丘尼を慰みに見させられい。
これは美しい女共でござる。小さい小供が大勢いまする。
いや。銭をあれらが顔へ当るやうに打付けてみさせられい。
あの三味線の撥や。綾織る道具で受けて。一銭も取落しませぬ。
どれどれ。これは面白い。珍しいことを見ました。

（能楽書林『狂言集成』所収）

伊勢神宮の古市と内宮の間にある坂が相の山。近世、ここには、お杉・お玉といった女乞食が小屋掛けして、ササラや三味線を伴奏に、相の山節を歌って投げ銭を得たという。子供の乞食が殿中踊りをみせたりもしたのだが、見物人の投げ銭を、三味線の撥や、綾織り竹で曲芸のように受ける様が活写されている。綾織りも放下の曲芸であった。

失われてしまった、街道の芸の数々が愛しい。よくも悪くも、私の心の鏡のような気がするからだ。

東海道は芸人たちの交差路であった。
講釈師は海道を旅し、
おのれの話芸をみがく。
そして駿河の国には海道一の大親分・清水次郎長がいた。
森の石松、大政、小政……
ご存じ『東海遊侠伝』
話芸のなかに
清水港に次郎長は今も息づいている。

清水次郎長

旅ゆけば駿河の国に茶の香り

●児玉信・文 text by Makoto Kodama

【次郎長伯山】

『講談・伝統の話芸』（昭和四十八年、朝日新聞社刊）という本がある。著者は朝日新聞の政治記者だった有竹修二氏で、折々に綴られた思い出話や、釈場（講談の常打ち小屋、講釈場のこと）通いの日記帳などがまとめられている。

政治記者と講談のとりあわせは、遠いようで案外近いという気がするのであるが、それはともかく、氏の講談愛好歴は古く、大正の初め、小学生の頃からであった。立川文庫や速記本（釈場での口演を文字化したもの）を読むことから始まって、

[次郎長像] 梅蔭禅寺にある清水次郎長の銅像。はったと空を睨む表情に生前の面影が漂う。

やがて実際に釈場で聞くようになる。その頃のことを氏は本のあとがきで、「講談という話芸に対して、いささか大仰にいうと、私の青春の精魂を傾けました。大正後半から昭和の初めにかけて、半日を釈場の一隅でおくる日が多かったのです」と述べているが、半日というのは昼席・夜席の初めから終わりまで、つまりは一日が釈場を中心に回っていたということだから、打ち込みようは半端でない。

氏が釈場通いを始めた大正半ばは、明治初期の繁栄が夢であったかのように、講談は斜陽に向かいつつあったらしい。「もはや衰微の道を足早く歩」んでいた現場に居て、時代の移り変わりを全身に受け止めていた青年の姿を想像すると、私の血までもたぎるような思いがする。

ところで、その筋金入りの氏が、「およそ、大正年代に講釈場通いをした人で三代目伯山《はくざん》を嫌いな人はあるまい」と書いている。細面痩型、切れの長い目、はげあがってオールバックのような頭髪、しゃがれた声、結城紬に紺足袋。張扇は威勢よく叩く。にんまり笑うと、柔和な顔になる……と、これぞ講釈師といった感じに描写されたこの人の十八番が、「清水次郎長」なのであった。

【伝説に生きる清水次郎長】

幕末から明治初期にかけて、博徒として鳴らした清水次郎長は、富士川や海上交通の縄張りをめぐって抗争を繰り返したわけだが、修羅の巷の住人だった割には長命で、明治二十六年、七十四歳まで生きた。四十九歳の時に幕臣であった山岡鉄舟と出会ったことで感化を受け、人生が大きく変わったことはよく知られている。鉄舟によって牙を抜かれたようになるのであるが、論客であるとともに、千葉周作門下の剣客でもあった鉄舟は、身長六尺二寸、体重は一〇〇キロを超す巨漢。対する次郎長は身長五尺二寸ほどだったと伝わるから、さすがの骨太の大親分が、たじたじとなったのかも知れない。そう考えると楽しい。

生前からすでに伝説の人であった次郎長は、早くから芸能化され今日に到る。講談をはじめさまざまな芸能に息づく次郎長像のもとになったのが、次郎長が還

［駿河の海］久能山より遠望した駿河湾。穏やかな海が広がる。

暦ごろに静岡新聞に連載され、のち明治十七年に鉄舟の意向で一本にまとめられた『東海遊侠伝』だという。

先にあげた三代目神田伯山は、先輩の松廼屋大琉《まつのやたいりゅう》から習った原作に創意を加え〃次郎長伯山〃ともあだ名されたのであったが、明治四十四年の中央新聞に、五カ月にわたって次郎長伝の速記が連載されたというのだから、人気のほどが解る。伯山は明治五年生まれ（昭和七年没）。いわば次郎長は同時代の人である。

「竹居の吃安《どもやす》と黒駒の勝蔵は、徹底的に悪人になっている。実際はそれほどでなかったらしいが、伯山は次郎長を引き立てるために、この二人のうち、とくに吃安を極悪無道に描写した」（『講談・伝統の話芸』）とは伯山の創意の一例だが、見て来たような嘘に実感がともなったのであろう。聴衆の中には、次郎長や黒駒の勝蔵を直接知る人もまだいたかも知れず、そぞろにどきどきする私である。

老浪花節語りの回想

伯山の次郎長にこだわってきたが、実は浪花節の二代目広沢虎造《とらぞう》（明治三十二年～昭和三十九年）が語って一世を風靡した「次郎長伝」は、伯山のものを下敷きに、更に虎造の創意工夫がなされたのだった。

〔二十八人衆笠〕次郎長グッズは今も人気だ。土産物店にあった菅笠に書かれた「清水一家二十八人衆」は三代目神田伯山の創作によるもの。

旅ゆけば、駿河の国に茶の香り……
海道一の親分と、今が世までも名を残す……

など、虎造節の名調によるまくらは、私の耳にも馴染みで、忘れがたい。

講談と浪花節。ともに前身は大道芸で、明治時代に全盛期を迎えた点、似ている。雑な言い方になるが、張扇で釈台を叩いてアクセントをつけつつ、息の詰めひらきで聞き手を引き込んでいく講談を剛とすると、曲師《きょくし》（三味線弾き）の合いの手にのせて節と語りで客の心を掴む浪花節は、柔ということになるか。浪花節の方が、いくぶん大衆的と言えるかも知れない。

今、大道芸といった。かつて「浮かれ節」と呼ばれた浪花節の歴史をゆっくりたどる余裕はないので、日本の放浪芸に関心を寄せる小沢昭一氏の本から、私にとってのさわりを抜いてみたい。虎造の兄弟弟子であった広沢瓢右衛門《ひょうえもん》（明治三十年～平成二年）が、昭和四十六年に語った昔がたりである。

今でこそそんなないですけど、その頃東海道なんか歩いたら、紋付袴はいてですね、毛をのばしたのもあるし、のばさんのもあるけど、扇もって、みんなこうして歩いてましたよ。池鯉鮒《ちりふ》、岡崎、豊橋、二川《ふたがわ》をこえて、行く先々に家のような寄席のようなものがあって、東海道を上るもん、下るもん、年中交流ですよ。そういう場所でやる。また流して歩く。そやから、流浪の民であることは間違いないんです。それが、雲右ヱ門の出現によって、ひとはた組というか、あんなことして浮かれ節やったら、えらいもんや、という組が、よォけふえました。

宿屋にも浄瑠璃がとまっていたり、新内がいたり、そこへ浪花節が乗り込んで来たり、「じゃあ、なんなら君と組んで、あの街道行こかァ」とかですね。そこであぶれた奴は、そのまま、そこで下足しているんです。私もちょっと半期下足してました。

（新潮文庫『私のための芸能野史』）

瓢右衛門の浪花節は、私もかろうじて間にあって聞くことが出来た。柳に風の自然体な芸風という印象。軽味があって面白かった。長い人生で行き着いた境地だったのである。なお、右の話に登場する桃中軒《とうちゅうけん》雲右衛門《くもえもん》（明治六年～大正五年）は、「赤穂義士伝」で売った。大道芸の一つである祭文《さいもん》語りの父を持つ人だ。浪花節については、三代目広沢虎吉の思い出話も興味深い。

［浪花節が］出てきた畑を忘れちゃいけません。兄貴は金ができて、紳士然としてしまった。［浪花節語りが］人からさげすまれるような気持ちを持ってしまって、根本を間違った。

（市川捷護『回想日本の放浪芸—小沢昭一さんと探索した日々』平凡社新書）

大衆を忘れていった兄貴たちへの無念が、滲んでいる。話はちょっとそれるが、昭和二年に北原白秋が作詞し、市丸《いちまる》の歌でヒットした「ちゃっきり節」。

唄はちゃっきり節　男は次郎長……

は、神田伯山の次郎長伝によって生まれ、昭和十四年に宮本旅人が作詞し、ディック・ミネの歌でヒットした「旅姿三人男」、

清水港の名物は　お茶の香りと　男伊達……

は、広沢虎造の次郎長伝によって生まれたと考えるのは的外れだろうか。こんど改めて知ったのだが、「ちゃっきり節」は、昭和三十二年の国体静岡大会の開会式でマスゲームに使われて、ブレイクしたのだそうだ。昭和三十九年は東京オリンピックが行われた。浪花節出身の三波春夫が歌う「東京五輪音頭」が巷にあふれたが、この年に、広沢虎造がひっそりと生を終えた。移り変わりをさまざま思わないわけにいかない。

［鉄舟の書］鉄舟筆による扇を額装したもの。流麗な墨跡で「謹練」の文字が読める。

鉄舟の肩入れ

清水次郎長にもどろう。平成十三年は、徳川家康が東海道に五十三の宿駅を定めて四〇〇年の節目とあって、各地で記念の催しが盛んだった。特に、三島から白須賀まで二十二の宿駅を擁する静岡県の熱の入れようがすごかったのだが、一連の事業のなか、清水（五十三次でいえば江尻）では、明治十九年、鉄舟の肝煎りで次郎長が営んだ汽船宿・末廣が復元された。汽船の二字が、明治のハイカラだ。開業にあたって鉄舟は、自筆の扇を関係者に配ったといい、その一本が、復元された末廣に隣りあう寿司店の「日乃出」に、額装されて残っていた。ご主人が親切に応対してくれたが、清水は気候が温暖なので、穏やかな気質です、と話してくれたのが面白く、講談の六代目宝井馬

［飛天］東照宮の灯籠に装飾された飛天。仏が説法の際、天を舞いながら花を散らし楽を奏でるという。仏教教典の乾闥婆（香音神）と緊那羅（音楽天）を指す。

琴は同級生で、彼が六代目を襲名した時、この二階座敷でお祝いの会を開きました、というのがもっと面白かった。六代目馬琴は清水生まれなのだ。

［久能山東照宮］元和二年（一六一六年）、徳川家康の遺言により着工し、当時の建築技術の粋を集め、わずか一年七カ月という短期間で造営された。神廟・社殿・神楽殿等が重要文化財に指定されている。

次郎長の散切《ざんぎり》頭

さて、末廣からほど近くに、次郎長生家があり、少し先へ行くと次郎長や女房お蝶、子分の大政・小政らの墓がある梅蔭禅寺がある。ここには次郎長の、遠くをはったと睨んでいる銅像が置かれているが、背後の石垣が、どことなく富士山にみえて、うれしい。もう一度、小沢昭一氏に登場して頂こう。

清水とくればやはり海道一の大親分、清水の次郎長こと山本長五郎を抜きには語れませんわなァ。次郎長の菩提寺清水の梅蔭寺には、次郎長どんの銅像が立っておりますが、これが、私の仲よしの、文学座の重鎮、加藤武さんにそっくり。事実、『清水次郎長伝・伝』という芝居での加藤さんの次郎長はよかった。映画じゃ、次郎長は長谷川一夫さん、片岡千恵蔵さん、市川右太衛門さん、勝さんもやりましたが、しかし失礼ながら、ああした方々、実在の次郎長に似ていません。やっぱり加藤武さんなのです。ウーン、久しぶりで加藤武次郎長像にあいたいねえ。降りてみようかな。

（新潮文庫『東海道ちんたら旅』）

明治初めに撮ったらしいのだが、散切頭の次郎長の写真がある。加藤武さんにそっくり、を私も否定しがたいが、誰が写したのであろう。幕末に写真機が日本へ渡り、明治には横浜や伊豆下田に写真師がいたという。出張して来たのだろうか。

写真で思い出した。私には清水次郎長は片岡千恵蔵、森の石松は中村錦之助（断じて萬屋錦之介ではない）というこだわりが強いのだが、次郎長と、大石内蔵助と、多羅尾伴内《たらおばんない》が同居していた片岡千恵蔵という銀幕スターは、プライベートでは能の観世流二十四世宗家・観世左近と親交があった。互いに顔が似ていることを意識しての出会いだったようで、一緒に

［次郎長の墓］次郎長の眠る梅蔭禅寺の墓前には花がたえない。博徒としての次郎長だけではなく、後半生の「いい人」であった次郎長を慕う人は今も多い。

撮った写真が残っている。若き日の二人、すばらしく美男である。ちなみに千恵蔵は「心の琴線にふれるものがありまして、左近兄が上の兄で、私が中、(片山)博通氏が末の弟という約束が出来ました」と思い出を述べている(月刊「観世」昭和二十六年二月号)。

【浄瑠璃姫・天女】

美男といえば、清水にゆかりある美女を紹介してみたい。JR清水駅の北口を出ると、久能山・日本平への大きな道標が目につく。その久能山は、徳川家康の廟所・東照宮のあることで知られるが、ずっと遡って女帝推古天皇の御代に、ここには久能寺が創建された。のち武田信玄が築城した際、現在の清水市村松に移されて栄えたが、明治維新の混乱で、無住の荒れ寺になったらしい。この名刹を惜しんだのが鉄舟で、再興に力があったため、鉄舟禅寺と名が改まった。この寺に、「薄墨《うすずみ》」と銘のある笛が伝わっている。笙《しょう》の笛の名手であったといわれる新羅三郎義光《しんらさぶろうよしみつ》以来、源家の代々が所持したという横笛で、牛若丸から恋人の浄瑠璃姫に渡ったという由緒を持っている。鞍馬山を出て奥州に下る途中、三河国矢作の里で長者の娘浄瑠璃姫と恋に落ちた牛若丸が、別れに際し形見に置いていった笛というのだ。

笛の音が男女の恋の仲をとり持つ伝説は多い。三味線音楽の大きな流れである浄瑠璃節に名を残す牛若丸と浄瑠璃姫の悲恋物語はその一つで、三河あたりに居住した琵琶法師が、東海道筋で語られていた遊女と貴公子の話をとりこんだようだが、清水周辺、蒲原《かんばら》宿などにも余香が及んでいるのであった。「薄墨」は長く手つかずになっていたのを、能の笛方・森田光春が昭和四十一年に修理して、鳴るようにした（能楽書林『能楽覚え書帖』）。平成十三年の六月、笛奏者の赤尾三千子が国立能楽堂でのリサイタルで吹いたのを、私は聞いた。優しい音色の竜笛《りゅうてき》である。

次郎長から浄瑠璃姫への転換は唐突すぎるかも知れない。清水には天人の羽衣伝説で有名な三保の松原がある。能「羽衣」はこの伝説をもとにした作品で、伯《はく》龍《りょう》という漁師に羽衣をとられた天人が嘆き悲しむが、やがて羽衣を返してもらうと、御礼代わりに数々の宝を地上にふりそそいで富士の高嶺を超え天上する筋。天人に羽衣を返したのは、あまりに天人の嘆きが深いので、伯龍の心にきざすものがあったのである。

私は、富士の裾野を開墾し、現在の富士市に次郎長町の名を残す「いい人」になった次郎長は、もしかすると伯龍の生まれ変わりではないのかと、ぼんやり夢想しているのだ。

［三保松原］現在も南北約六キロにわたって松林がひろがり、樹齢約六五〇年の「羽衣の松」には天女が舞い降り羽衣を掛けたという伝説が残る。

〔第4章〕文人たちの東海道

在原業平

あずまくだりの歌枕

●鈴木日出男・文 text by Hideo Suzuki

平安時代の代表的歌物語『伊勢物語』。
歌人・在原業平が、
その主人公のモデルとされる。
この物語の主人公がたどる東国へのさすらいの旅、
そして土地土地に感応しつつ詠まれた歌の数々は、
東海道、そしてその先にある「東国」の地に対する
人々のイメージをはぐくむ土壌となった。

【業平の実像と虚像】

『伊勢物語』によれば、在原業平とおぼしき主人公の男が、自分自身を都のなかでは無用の人間と思いきめて、京には住むまい、東国におもむいて新たに生きるべき土地を求めよう、と考えて旅立つことになったという。当時、東国といえば都に比べてほとんど未開の地のように思われていた。今日の京都府と滋賀県の境、かつては関所も設けられた逢《おう》坂《さか》の地から、いよいよ東国への道がはじまる。いわゆる東海道を下る旅である。物語では「友とする人、一人二人」とともに旅立った

とあるが、当人は自ら孤独な旅を心に決めたのに、なぜ友を同行させたのだろうか。その謎解きは後まわしにしよう。

『伊勢物語』の業平といえば、『源氏物語』の光源氏とともに、平安朝文化の土壌にはぐくまれた恋の物語の二大英雄である。ここで、その業平という人物を一瞥しておこう。彼は周知のように平安朝はじめの実在人物であり、天長二年（八二五年）に平城帝の皇子、阿保《あぼ》親王の子として生まれて、元慶四年（八八〇年）に従四位上、右近衛中将の官で五十六歳の生涯を閉じた。在五中将とも呼ばれるのは、在原氏の五男で中将だったからである。在原氏ながら皇孫であるから、広くいえば二世の源氏[注1]ということにもなる。『三代実録』という国史では、彼は美麗閑雅な人物で、性格は気ままなところもあり、才学はさほどでもないが、和歌を詠むことには傑出した才能を発揮した、と評されている。和歌の才は抜群でも肝心の才学が振るわなかったのだから、律令官人としては特別の手腕を発揮することもなく、いわば平凡な中流貴族として一生を終えた、という趣である。

ところが彼は後に、そのような実像とは別に、たぐい稀の非凡な人生を送った男として虚構化されることになる。それが、十世紀に形成されることになる『伊勢物語』の主人公としての業平像である。物語の主人公となった業平は、たとえば藤原氏の権勢家の姫君との許されぬ恋や、伊勢神宮に奉仕する斎宮《さいぐう》との禁断の

[注1] **源氏**
皇族が臣下に下る際に与えられる姓のひとつ。八一四年、嵯峨天皇が皇子女に「源朝臣」姓を与えたことに始まる。

恋をはじめとして、じつにさまざまな恋に生きようとする。その恋の多様さという点からいえば、この物語は、世の中にありとある恋の、あたかも標本《カタログ》を集めているかの趣をさえ呈している。さらにこの物語には、皇位継承をめぐる事件にかかわったために世人から危険人物とみられている惟喬《これたか》親王と勇気をもって親交する話、あるいはここでとりあげる東下りのような漂泊の旅をつづける話などもある。しかしこれらは、いずれも業平の実際の事蹟ではない。なのに、なぜこのように虚構化されねばならないのだろう。

さすらいの旅

『源氏物語』の光源氏もそうであるが、この『伊勢物語』の業平も、恋に生きる物語の主人公ではあるが、その行状の数々がいかにも反世俗的であり、世の中の体制的な秩序や常識にぬくぬくと居すわってしまうような存在ではない。むしろ、体制的な世俗の掟に反逆的であろうとするところに、人間の深い魂の輝きを見せてくれるような存在である。このような物語のつくられる平安時代中期は、藤原氏の一部の人々が摂関的な権勢を得て専横をほしいままにした時代であった。自家の娘たちを天皇のもとに后として送りこんで皇室とミウチ関係を結び、そのことによって摂政や関白などとして政《まつりごと》に関わり、政治的な権勢を確保していた。だ

▼東海道ミニガイド
愛知県知立市—①

◆東海道第三十九宿・知立。地名の表記は、もともとは「知立」であったが、この地の古社・知立神社の放生池にすむ鯉や鮒にちなんだ「池鯉鮒」(ちりふ)の表記が、江戸時代の文人たちには好まれたとか。

江戸時代の東海道ルートが確定する以前の「鎌倉街道」と呼ばれる道が、やや北側に並行して通っており、その沿道に、平安時代の歌人・在原業平の伝説にちなむ史跡が残る。

から、当時の一般の人々は、そのような摂関家的な権勢を合理化する世俗の秩序に組みこまれて生きるほかなかった。けれども業平のような人物は、そのような社会のきびしい秩序に対して、あたかも反発するかのように生きていく。とかく政略的な結婚が一般的であった貴族社会の良俗などに、とうていおさまりかえってはいられない。しかも彼は、体制的な藤原氏の出身ではなく、高貴な皇統の血を受けつぎながらも、いわば斜に構えて生きていく。このように体制の秩序からはみ出しがちに、ひとり恋愛や風流文事に生きる業平という物語主人公は、体制のなかの現実できびしく生きるほかない人々にとっては、憧れに近い存在であっただろう。

業平塚を守るために創建された在原寺。

古来、高貴な身に生まれながらも、故地を離れて漂泊の旅に生きる、すぐれた人間を語る話が数多くあった。たとえば『古事記』の、父の景行天皇の膝もとから遠ざけられて、西国から東国へと遠征の旅に送り出され、生涯を征討の旅に送ったヤマトタケルなど、その典型的な例である。〈貴種流離〉とも〈王子流され〉とも

◆業平は、元慶四年（八八〇年）に没した後、大和国在原寺に葬られたが、その後寛平年間（八八九年〜八九七年）に分骨が埋められたとされるのがこの業平塚。高さ十メートルほどの小丘をなし、上に小さな宝篋印塔（写真）が建てられている。

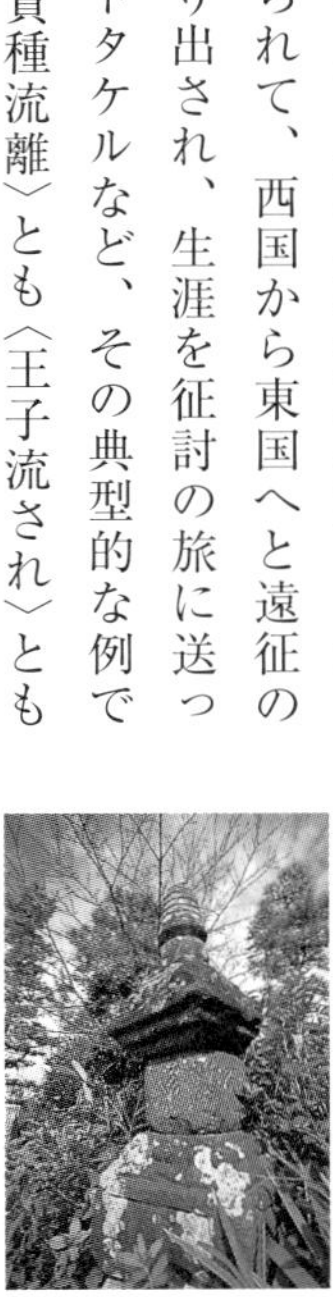

呼ばれる古来の話型である。こうした悲劇的な流離の人の心の表現には、歌が抜きがたく重要であったらしい。ヤマトタケルの特に悲劇的な東征の話には、数多くの歌が挿入されている。『伊勢物語』の東国をめざす旅の話も、典型的な〈貴種流離〉の話型によっているが、行く先々でじつにみごとな和歌を詠んでみせる。業平は、小野小町などとともに、六歌仙の一人に数えあげられる名歌人でもあったのである。

【かきつばたの歌】

東海道を下る業平がまず立ち寄った所が、「三河の国、八橋《やつはし》といふ所」と語られている。現在の愛知県知立《ちりゅう》市八橋町、その八橋の旧跡と標示する場所もある。物語には「そこを八橋といひけるは、水ゆく川の蜘蛛手《くもで》なれば、橋を八つ渡せるによりてなむ、八橋といひける」とある。水が八方に分流しているさまが蜘蛛の足のようだとし、その分流ごとに橋を八つ渡してあるので八橋と呼んだというのである。しかし残念ながら、現在そのままの景観としては伝えられていない。数々の絵画や工芸などの図柄になったその光景も、今日のわれわれには夢のまた夢として胸中に想像するほかかない。

業平たちはこの八橋の沢のほとりにやすみ、携行食品の乾飯《かれいい》で食事をとった。

かきつばたの花で有名な八橋の地も、秋はススキの穂が印象的な風景をつくり出す。

折から、かきつばたが美しく咲いている。いつのまにか、もう夏五月である。その花の美しさに気づいた「一人二人」の友が、「かきつばたといふ五文字《いつ》を句の上にすゑて、旅の心を詠め」と注文を出した。「か・き・つ・は・た」の五文字を各句の頭に配した、いわゆる折句《おりく》の歌を詠めというのである。業平はこんなふうに詠んだ。

から衣着つつなれにしつましあればはるばるきぬる旅をしぞ思ふ

業平のこの名高い歌は、ただ折句の注文に応じただけではなく、掛詞・縁語などを駆使した表現技法の粋を凝らしている。「から衣」は「着」にかかる枕詞。「から衣着つつ」で「なれ」にかかる序詞。「なれ」は、着なれる、慣れ親しむ、の掛詞、「つま」は、妻、着物のつま、の掛詞、また「はるばる」

▼東海道ミニガイド
愛知県知立市―②

◆八橋伝説に欠かせないかきつばたの花。この地帯一帯はもともとかきつばたの群生地として知られていたらしい。しかし、今では、無量寿寺境内の庭園に、そのなごりを感じさせるのみである。毎年花の咲く四月下旬から五月にかけて、「かきつばたまつり」が開催される。

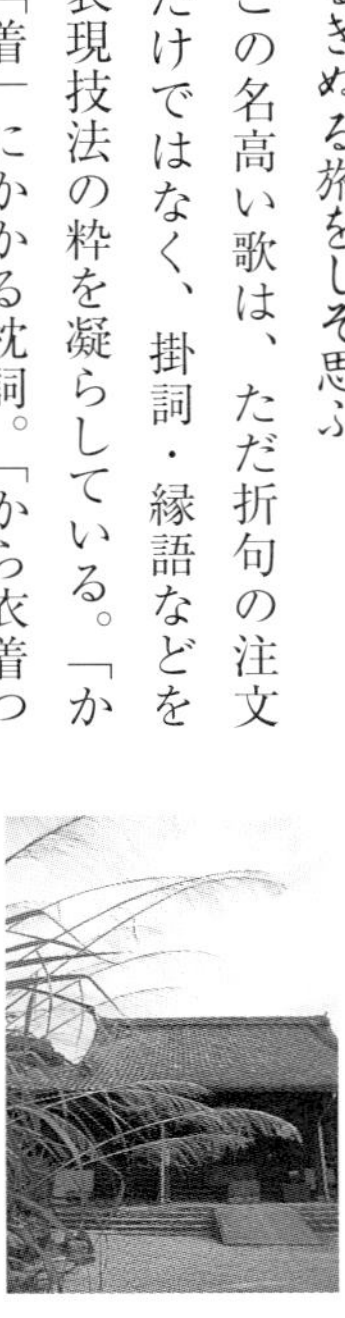

◆無量寿寺の本堂前には、業平夫婦をテーマとした謡曲『井筒』にちなみ、「業平竹」と「ひともとすすき」が植えられている。

は、着物を張る、遠くはるばる、の掛詞。掛詞とは同音異義の二語を重ねあわせる技法のことである。そして一首全体を、衣に関する「から衣・着・なれ・つま・はるばる」の縁語[注2]でまとめあげるというふうである。一歩まちがえると単なる駄洒落になりかねない言葉遊びのおもしろさをとりこんでいる。一首は、から衣は着ていると着なれるもの、私には慣れ親しんできた妻が京にいるので、衣をひるがえしてはるばるやってきた旅をしみじみと思うばかりだ、ぐらいの意である。

もとより業平は、京には生きられないという疎外感から、痛ましくも東国への旅を決意したのであるから、この歌の言葉遊びを楽しむ趣向の一面は、一見するところなじみがたい気がしないでもない。しかし考えてみると、業平の暗く重い心をかかえた辛苦の旅のうちにも、いつのまにか夏の明るい時節が到来したのだった。一面に機知の言葉をとりこんだこの歌は、そのように旅の途上で季節の花の美しさを見出した喜びを言い表すのに、いかにもふさわしい表現である。もとより、この歌のもう一面には、故郷を離れて旅する者の切ない心の愁いも噴き出ている。一首全体は、都や愛する人への断ちがたい執着の想いを、機知の明るさで包みこんだような歌である。明るい機知の快さが、逆に心の奥の暗さを照らし出している趣でもあるのだ。このように平安時代の和歌にはしばしば、言葉遊び

[注2]**縁語**　意味上、縁のある言葉を二つ以上並べたてて使い、歌にあやをつける技法。

と真情、あるいは他者との共感と個人の孤心などというように、相異なる二面をつなぎとめている表現がみられる。そうした点に緊張度の高い詩性を求めた時代であり、この業平の歌などその典型といってよい。

この歌への同行の友らの反応について、物語は、「皆人、乾飯の上に涙落としてほとびにけり」と語る。乾燥食品が水ならぬ涙でふやけて食べごろになったというところが、これまた諧謔的なおもしろさをねらった表現である。同行の人々が、業平の歌の、真情を機知で包みこんだ綱渡りのような言葉の力に動かされ、深く感動したことは確かである。しかし、もしもその感動を、彼らはさめざめと落涙した、ぐらいに記したとしたら、どうだろう。せっかくの綱渡りのような言葉のわざも、かえってしらじらしくなるにちがいない。それにしても、この業平の歌の高度な詩性は、孤心と共感、個人と集団の微妙なあわいで保たれているのだ。彼の傷心の東下りの旅路が、一個の人間の孤独な旅であるにもかかわらず、「友とする人、一人二人」を必要とした理由も、このあたりにあるのではないか。友とする「一人二人」の存在が、孤独な旅人の感動をそれと受けとめてくれる、いわば反響板の役割を担っているように思われる。

【歌枕の旅】

この業平の歌が、三河の国の八橋の地で詠まれたという話として『伊勢物語』に定着してからは、「八橋」といえば「かきつばた」、「かきつばた」といえば「八橋」というように、その地名と景物がほとんど固定的に結びついてしまった。このように和歌の表現を中心に、特定の事物現象や観念を連想させる地名のことを、歌枕《うたまくら》と呼んでいる。たとえば、「吉野」といえば雪か桜を、「高砂」といえば松を、「飛鳥川」といえば世の無常を、というぐあいである。前代の『万葉集』でも多くの地名が詠まれているが、その段階では必ずしも、特定の連想作用を促す言葉として固定していなかった。これはあくまでも、平安時代の和歌の表現技法の一環として発達したのである。

旅行く者の行程をたどる物語でも、その立ち寄る地名が歌枕の連想によって想像力をふくらませることにもなる。業平の東下りの第二の土地は、駿河の国の「宇津の山」。静岡市と岡部町の間にあるこの山は、「現《うつつ》」の語を連想させる歌枕。同じく駿河の国の「富士の山」は、夏でも雪降る山、あるいは噴煙をたなびかせる山、という連想の歌枕である。また最終の地の武蔵の国と下総《しもうさ》の国の間の「すみだ川」は、京を思わせる「都鳥」と結びついた歌枕となっている。それぞれの土地で、その歌枕の連想性に導かれながら、次のような歌が詠まれている。

駿河なる宇津の山辺のうつつにも夢にも人にあはぬなりけり

時しらぬ山は富士の嶺《ね》いつとてか鹿《か》の子まだらに雪の降るらむ

名にし負はばいさ言問はむ都鳥わが思ふ人はありやなしやと

「駿河なる……」は、駿河の国の宇津の山のあたりに来てみると、現実にはもとより夢のなかでもあなたには逢えないのだった、の意。「時しらぬ……」は、時節をわきまえないわが富士の山、いったい今を何の時節と思って鹿の子まだらに雪が降っているのだろう、の意。

「名にし負はば……」は、都という名をもっているのなら、都鳥よ、さあたずねてみよう、私の思っている人は無事に過ごしているかどうか、と。

旅にある人間は、日常的な絆から解き放たれて、清新な感動をおぼえる。未知の土地の風物との新鮮な出会いが、感動をいっそうきわだたせることにもなるのだろう。業平の東下りでは、歌枕としての八橋のかきつばたとの結びつきによって、いよいよ魂の新鮮な感動を呼びおこす。それが、貴種流離の孤独な旅にとっていかにもふさわしいのである。

知立宿の名木「根上りの松」。江戸時代にはすでに有名だったという。

十返舎一九

食い気と色気の弥次北道中

●板坂耀子・文 text by Yoko Itasaka

お江戸の庶民の楽しみは、「戯作《げさく》」と呼ばれた読み物。
なかでも幕末期に抜群の人気を誇ったのは、十返舎一九作『東海道中膝栗毛』。
ご存じ弥次さん・北さんの名コンビが繰り広げる
道中のドタバタ騒ぎは、旅の楽しみを生き生きと伝える読み物として
現代に生きるわたしたちをも惹きつけてやまない。
天下泰平の江戸時代、こうした戯作に描かれ、
その作者たちが見、感じた東海道は、
古典文学の名所・旧蹟に対する美しい追想の世界と、俗化した観光の場、
相反するふたつの顔を兼ね備えた独特の空間に発展していたのである。

【東海道紀行はつまらない？】

幕末の出版界で、十返舎一九《じっぺんしゃいっく》の『東海道中膝栗毛《とうかいどうちゅうひざくりげ》』は大ブームをまきおこした。模倣作も多く出た。私も二十数年前、福岡の古書展で、一返舎琴声なる人物の『膝打毛《ひざうちげ》』という汚い小さな写本を買った。稚拙な挿絵を交えた、おそらくは作者自身の手書き。九郎兵衛と治郎八というあやしげな二人組が唐津に参詣する話と聞けば、およその内容は見当もつこう。宿の女中に夜這いをかけ、誤って亭主夫婦の寝所を襲い、亭主の精液をかけられたあげく追い出されるといったたぐいの、

相当卑猥な内容が妙にパワフルでエネルギッシュな迫力をかもし出す、土臭い傑作だった。

　このような作品は、おそらく全国津々浦々いたるところで数しれず書かれたのにちがいない。いったい、『膝栗毛』の何が、当時の人をそれだけひきつけたのだったか。

　旅の文学と言えば、普通は紀行文学である。ところが、江戸時代の紀行というのは、現在全国の図書館や文庫に優に二〇〇〇点以上は残っているにもかかわらず、芭蕉の『おくのほそ道』以外は見るべきものはないとされ、高校などの日本文学史では江戸時代にはそもそも「紀行」の項目もない。

　ほんとにそんなにひどいのかというと、決してそんなことはなく、面白い作品も多いのだが、それはさておき、その中で東海道紀行というのは実は名作が少ない。これは何だと首をひねりたくなるような、わけのわからない作品もある。

　たとえば、東京大学付属総合図書館にある、ともに作者不明の『東海道紀行』『吾妻路名所道知辺《あづまじめいしょみちしるべ》』は、寛政九年（一七九七年）に出版されて広く読まれた秋里籬島《あきざとりとう》『東海道名所図会』のほとんど全編丸写しで、しかもどう見ても、自分が書いているつもりで作者は書いている。何が楽しいのかよくわからないが、やはり楽しかったのだろう。このあたり、当時の人の創作意識、先行作品の利用についての感

東海道ミニガイド
神奈川県大磯町―①

◆東海道第八宿の大磯。古くからの歌枕の地はまた、かの西行がここに立ち寄り、「こころなき　身にもあはれは　しられけり　鴫立つ沢の　秋の夕暮れ」と詠ったと言い伝えられ、ますます後代の旅人たちに人気の場所となった。

◆右は、日本三大俳諧道場のひとつ「鴫立庵」。西行の旧蹟をしのんで、江戸時代初期の崇雪という人物が大磯に庵を建てたのが始まり。その後、元禄年間に有名な俳諧師・大淀三千風が入庵して庵を再興、以後、今日に至るまで、代々有名な俳諧師によって道場は受け継がれている。

覚は、今の常識でははかりしれないところがある。

また、すぐれた紀行を多数残して、江戸時代前半の紀行作家の代表的存在ともいうべき貝原益軒《かいばらえきけん》の作品と銘うって京都の本屋・柳枝軒から出版された『吾妻路記』ときた日には、谷秦山《たにしんざん》[注1]の東海道紀行と益軒の紀行をほとんど一行ごとに切り張りして継ぎ合わせて一つにまとめた上に、「京から江戸へ」「江戸から京へ」と、上下二段にわけて、その同じ内容を、順序を逆にして掲載しただけという、何ともまかふしぎな本である。もっとふしぎなのは、かなり後代にいたるまでの版本が全国に残っていて、かなり売れも読まれもしたらしい。

こんなおかしな本までが出るということは、江戸時代の東海道紀行は、書きたい人も読みたい人も、相当数いたのであろう。にもかかわらず、これはと目を見張るような名作がなく、読んでもあまり面白くない、と私が思うのはなぜだろう?

優雅と卑俗――『膝栗毛』が切り捨てたものとは

言うまでもなく、東海道は日本全国で最も早くから開けた街道である。江戸時代にはそれはピークに達し、街道沿いの諸設備の整備も、行き交う人の多さも、他の街道の追随を許さなかった。

[注1] **谷 秦山** 一六六三〜一七一八年。江戸中期の儒学者、神道家。秦山は号、本名・重遠。国典を渉猟して学問を大成、後代にも大きな影響を与えた。

そのように古くから多くの人々が行き来したということは、さまざまな古典文学にまつわる名所が街道沿いにいくつも生まれていくということでもあった。

蝉丸《せみまる》の名も逢坂《おおさか》に年ふりし
　関寺小町さかゞみのみや
頼朝の御召なされし生好《いけずき》(生食とも)の
　駒はこゝから出た植野村

いずれも明和四年(一七六七年)に刊行された『東街《とうがい》松の友』(蓬左文庫所蔵)から。この本は、東海道五十三駅に関する情報を三百五十一首の歌で紹介しようという洒落たガイドブックである。だが、この本の中で、このような古典文学の名所に関する知識の紹介は三十例、「御廟野《ごびょうの》の左りのみねをかゞみ山ふもとに右の壇が御陵《みささぎ》」「石薬師それより先は弐里弐十七町行て四日市なり」のように、距離や位置を教えるものは四十一例と多いものの、更にそれを上回るのは、次のような名物の食べ物に関する情報で、これは五十三例を数える。

今川で鳥の吸物吸《すう》ておきや
　酒屋は先の今岡にあり
につさか(日坂)の茶屋の娘が
　にぎり出す蕨餅《わらびもち》食やこゝの名物

神奈川県大磯町、「こよろぎの浜」と呼ばれる海岸。万葉集にも詠われた、歌枕の地である。

つまり、優雅な古典文学の舞台であった東海道は、現実的で食い気と色気を満足させる庶民の旅がどこよりも発展した場所でもあった。旅の雅と俗ともいうべき、まったく相反する二つの要素が東海道には共存する。そのバランスをとって作品としての一つの統一感を持った世界を築くことに、紀行作家たちはとまどい苦慮しているように私には見える。

一九の『膝栗毛』は、ここをすっぱりわりきった。いや、そんな逡巡がそもそも作者の眼中にはない。一九の目的はとことん庶民の旅の実態を描くことにあり、全編にあふれるそのような「誰もが知っている旅の日常」こそは、江戸時代の紀行がそれまでまったく書き落としていたものだった。

きた八「ハ、アいかさまい、娘だ。

時になにがある」トきた八そこらを見回し、さかなをさしづして、さけをいゝつける。むすめ前だれで手をふきふきしをやきのあぢをあたゝめ、てうし盃をもち出、娘「これはおまちどふさまでございやした」弥二「おめへの焼《やい》た鯵ならうまかろふ」トむすめフ、ンとわらひながら、おもてのほうをむいてよびながらゆく。むすめ「お休なさいやアセ。奥がひろふございやす」北八「おくがひろいはづだ。安房上総までつゞいている」

これらは、滑稽本[注2]の方面から見れば、笑いの対象となる日常生活の題材として「旅」に目をつけるという点で画期的だった。同様に旅の文学の流れの上では、笑いの対象にしかならない平凡な日常生活として旅を描くという点で同じく画期的だったのだ。

もちろん『膝栗毛』にも古典関係の名所の記事は登場する。大磯宿の「虎が石(虎御石《とらごいし》)」、鴫立沢《しぎたつさわ》の「西行庵(鴫立庵)」、久沢の曾我兄弟、宇津の山や「八橋」の『伊勢物語』など。

それより大磯にいたり、虎が石を見て北八《きたはち》よむ。

此《この》さとの虎は藪にも剛のもの
おもしの石となりし貞節

弥次郎兵へ、とりあえず、

[注2] **滑稽本**
江戸時代後期の小説形態の一種。おもに滑稽諧謔を旨とする作品群を指す。「滑稽本」という用語が用いられるのは明治以後で、江戸時代には、その書型から、人情本とともに「中本」と呼ばれた。『東海道中膝栗毛』(初編一八〇二年)のほか、『浮世風呂』(式亭三馬作、初編一八〇九年)などが有名。

去《さり》ながら石になるとは無分別
ひとつ蓮《はちす》のうへにや乗られぬ
斯《かく》打興じて大磯のまちを打過、鴫立沢にいたり、文覚《もんがく》上人が刀作ときこえし
西行の像にむかひて、
われわれも天窓《あたま》を破《わ》りて歌よまん
刀《なた》づくりなる御影おがみて
（初編より）

だがこれは『膝栗毛』が古典文学の影響を残しているとみるべきなのだろうか。私はそうは思わない。

【大田南畝の憂鬱】

大田南畝《おおたなんぽ》[注3]『改元紀行』（享和元年、一八〇一年）は、狂歌や黄表紙の作家としての名声をほしいままにしたこの作者らしく、先に私が述べた東海道の雅俗二つの要素を、おそらく十分に意識して、統一と融合をはかった、すぐれた東海道紀行の名作であり、江戸時代の紀行としても代表作のひとつと言ってよい。その中で彼は、大磯宿の名所について、次のように記している。

「名に負ふ虎御石見ん」と延台寺に入れば、（略）石に太刀疵矢疵といへる物あ

［注3］**大田南畝**
一七四九〜一八二三年。江戸時代中・後期の文人。十九歳で平賀源内に認められて以後、狂歌、また黄表紙・洒落本といった戯作など各方面で活躍。当時の文芸界の中心的人物であった。晩年は、江戸を代表する知識人として、随筆や考証に業績を残した。

りて、「曾我十郎が身代りに立てる（恋人の十郎の身代わりになってうけた傷です）」など寺僧の語るも覚束《おぼつか》なし。（略）橋を渡りて彼の三千風（大淀三千風《おおよどみちかぜ》。俳人）が経営《いとなみ》しといふ鴫立庵に入り、西行法師の像を見る。（略）「西行の杖なり」とて有るはなくてもありなん。（略）三千風が歌に、

ありし世の鴫の羽おとはさもなくて
いまは沢辺に馬駕籠《うまかご》ぞたつ

と云へるこそ、中々誠《まこと》の風情ならめ。少し興さめたる心地して、西行庵の後へより海面を見渡せば、実に小余綾《こよろぎ》の磯の波、立去りがたき所なり。此庵《いおり》なからましかば、哀れさも優りぬべし。

『膝栗毛』の弥次さん北さんが、おそらく無邪気に感心し、「おー、そーかー」などとさわがしく声を上げながら、冗談を言って笑いつつ見た虎御石や鴫立庵。南畝が見た時も、実際に二人のような観光客がそばにはいたのかもしれない。そして南畝は僧の説明を「覚束なし（怪しいものだ）」と苦笑しつつ聞き、「西行の杖といって保存してあるものは（どうせ嘘だろ

▼東海道ミニガイド
神奈川県大磯町──②

◆中世の仇討ち伝説のヒーローといえば、曾我兄弟。兄の十郎と恋仲であった女性・虎御前は、ここ大磯の人といわれる。兄弟が、みごと父の敵・工藤祐経（くどうすけつね）を討った後、自らも命を落としたため、その菩提を弔うために寺を建て、自身は尼形となって諸国を巡ったとか。上写真は、その虎御前建立とされる延台寺。

うし）ない方がいいなあ」「三千風の歌で『昔の鴫の飛んでいた面影はなくて、浜辺には馬方や駕籠かきが客待ちをしているだけ』と言っているのが、かえってそれらしくてよい」「ちょっとシラけてしまって、庵の後ろに出て海を見ると本当にいい景色で、この庵の建物がなかったらもっといいのにと思った」と述べる。

南畝の、そして現在でもそうだが、古典文学でおなじみの、文章の上ではなつかしい土地に立つ時の知識人の心境は複雑だ。昔の面影がまったく消えて、今は俗化してしまっているなら、それもまた風情はある。何も知らない俗人たちが通りすぎて行く中で「ここが、あの……」と目を閉じて一人ひそかに微笑する優越感にもひたれるかもしれない。しかし西行の歌など見たこともない弥次北のような庶民が、ガイドの説明にわいわい感心する、それらしい建物や遺跡が作られているのを見ると、「何かちがう」と心がかきみだされるのは、今、パックツアーの若者に混じってギリシャのローマのエジプトのインドのといった遺跡を巡る、文献や知識の上ではその土地にやたらと詳しい人々の心情ともどこか共通するだろう。

そういう点では、『膝栗毛』に記された古典にまつわる名所の数々は、既に俗化しているのであり、食物や名所や宿場女郎と同様の、旅の風物と化すことによってのみ生き残った、光栄あるいは悲惨をになっているのである。

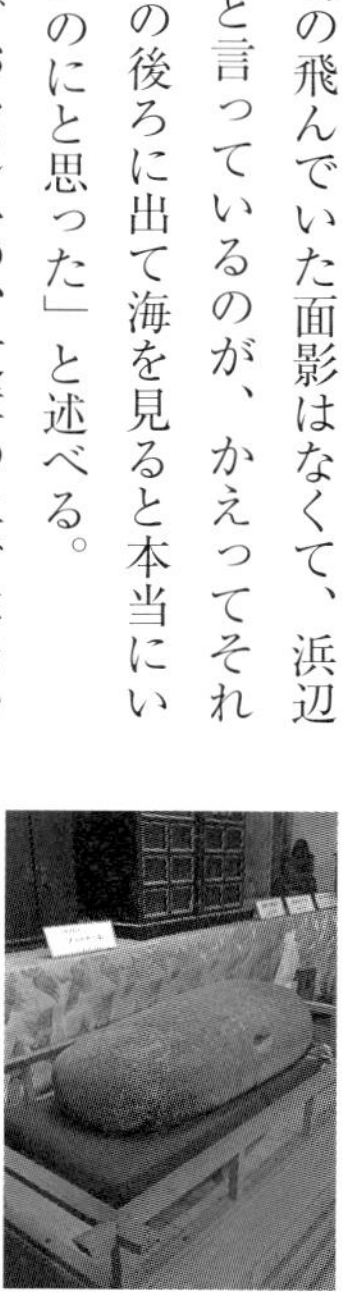

◆右は延台寺にある「虎御石」。もともとは、虎御前の両親が子宝のお告げに授かった石で、虎御前の成長とともに石も大きくなり、やがて、恋仲の曾我十郎が敵の祐経に命をねらわれた時、この石が身代わりになって刀、矢を受けた、と言い伝えられる。曾我堂に祀られているが、事前に申し込めば拝観可能。
☎０４６３（６１）０７４２（延台寺）

そして今、私たちは

栄華をきわめた文明の多くはやがて衰退する。だが、それは、その文明を時代の最先端からおきざりにし、人々から忘れさせることによって、かえって静かに冷凍保存し、化石として守ることもある。古く栄えた土地が発展の歩みをとどめることなく、常に中心でありつづける時、美しい昔物語の世界は開発されつづける現実に押しつぶされて消えて行き、あるいは滑稽なまでに俗化されて利用される。東海道はそのような場所であり、新幹線が走り抜ける現在まで、過去への追憶と未来への展望とが重なり合った幻想として雑居する、ふしぎな空間でありつづけている。

南畝の複雑な気持ちはわかるけれど、私は古典文学が描き出した、選ばれた人々の悲しく美しい物語にまったく無関心なまま、名物の食べ物や酒や女にうつつをぬかしつつ、街道を通りすぎて行った数知れない無名の男女、運命にも時代にも選ばれることなく消えて行ったたくさんの人々や、その人たちに観光の対象として、やや俗化した古典の世界を提供した土地の人々をも、愛さないではいられない。

戦争や不幸はすぐれた芸術を生む、という皮肉は、悲しいことだが決して常に皮肉だけではない一面の真実を持つ。滅びた文明、衰えた栄華は、美しい追想として保存されやすいという感懐も。

だが、栄えつづけて決してさびれることのなかった東海道と、それが江戸時代という長い平和の中で俗化もピークに達した時に生まれた『膝栗毛』という文学は、それらのことに対して、ささやかだが力強いある回答を与えている……特にこのごろ私は、そんな気がしてしかたがない。

歌川広重

「五拾三次」で才能の花開く

●永田生慈・文 text by Seiji Nagata

浮世絵師・初代歌川広重の畢生の名作「東海道五拾三次」。
今日誰でもが、連作中のひとつくらいは見たことがあるだろう、
まさに国民的絵画シリーズだ。
江戸時代、すでに多くの画家が描いていた名所絵を
はるかに凌ぐ人気を誇ったこのシリーズ、
いったいどのようにして生まれてきたのだろうか?
国民的名所・東海道と、売れない画家の組み合わせが
江戸末期の爛熟した文化の中、
大当たりをとった背景をさぐってみよう。

ヒットシリーズ「東海道五拾三次」

今から約一七〇年前。天保五年(一八三四年)正月に、それまでほとんど無名に近かった浮世絵師、歌川広重(一七九七〜一八五八年)の、「東海道五拾三次《ごじゅうさんつぎ》」全五十五枚の出版が完結し、一躍〝名所絵の広重〟と評されて、彼はスターダムにのし上がった。この時、広重は浮世絵師を志して二十数年の星霜を経ていた。

版元は保永堂こと、竹内孫八という弱小な店で、五十五枚にも及ぶこの一大出版に、当初は鶴屋喜右衛門という大資本を頼って共同で版行を開始した。もちろ

ん保永堂にしてみれば、店の存続を賭けた大企画だった。

結果は、いうまでもなく想像を絶するほどの大当たりで、版元は大店《おおだな》の仲間入りをし、広重も以降、終生陸続と東海道をはじめとする名所絵を発表して、不動の地位を確立したのである。

江戸庶民を沸かせ、今なお我々に江戸の旅をイメージさせるこのシリーズの魅力とは、果たして奈辺にあるのだろうか。それを探るには、少なくともまず広重がこの揃物《そろいもの》を発表するに至るまでの東海道を主題にした絵画作品、特に浮世絵の展開を瞥見しておくべきであろう。

浮世絵初の東海道図

特別な例を除いて、東海道そのものが絵画化されるようになるのは、伝馬制によって五十三の宿駅が置かれ、参勤交代が制度化された寛永十二年（一六三五年）以降とみていい。その初期的な作品は、地図の要素を強くもった東海道の絵図である。大体は屏風や巻物（巻子本《かんすぼん》）という形式により、具体的に宿駅の屋並みや地域の景観、あるいは往来する人びとなどが描かれていて、インフラの整った街道の様子をつぶさに窺えるものであった。こうした絵地図の大半は豪華な表装となっていることから、おそらく参勤交代の資料として、大名かよほど身分の高い武家た

▼東海道ミニガイド

静岡県静岡市―①

◆江戸時代には、徳川家康が晩年の居城とした駿府城をいただいた府中宿。現在も静岡県庁所在地として、静岡を代表する都市である。ＪＲ静岡駅から西に向かうと、やがて安倍川に至る。ここも、大井川などと同じく、江戸時代には橋がなく、人足による川越しを行っていた。

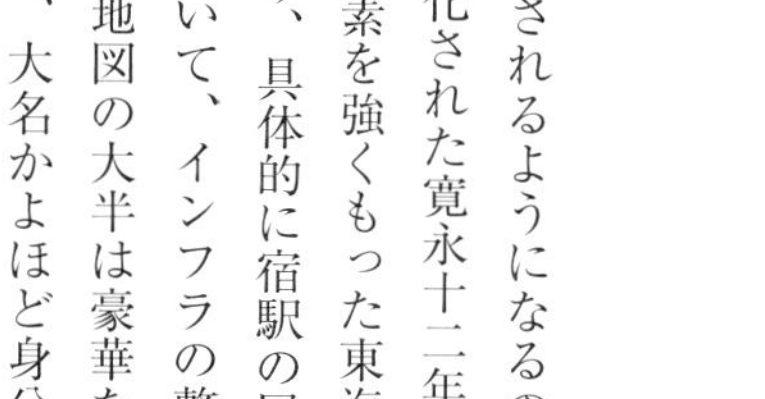

丸子（まりこ）宿の名物・とろろ汁の店「丁子屋」。広重の画そっくりのたたずまいが、江戸時代の旅人になった気分にさせる。

ちの要望により、上方で大量に制作されたものと想像される。

東海道の絵画化は、このように単に鑑賞するものというだけではなく、実用にも供される特殊な作品として出発したのであった。

一方、浮世絵本来の商業出版による東海道への興味はどのようなものだったのだろうか。元来、近世初期における出版の中心は京都にあった。それが明暦の大火（明暦三年・一六五七年）以後、これらの店は江戸に進出し、やがて本店をも凌ぐ盛んな出版活動をみせるようになる。このような趨勢の中で、時様の風俗を木版で出版する浮世絵が江戸の地で生まれたのであった。また浮世絵を専門に制作する浮世絵師も出現

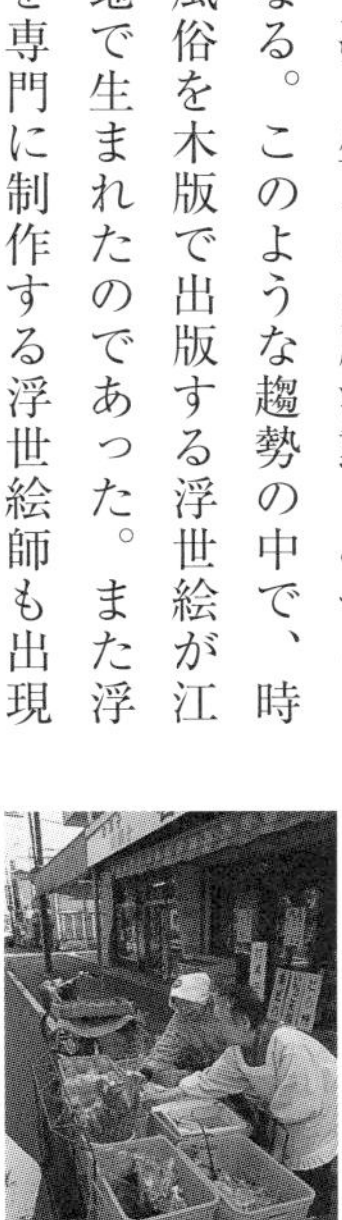

◆安倍川のたもと付近は、川越しの前に一休みする旅人で賑わった時代の名残が感じられる。商店街では、地元でとれた野菜や花をリヤカーに山と積んで商うおばあちゃんたちが楽しそう。

した。その祖とされるのが、菱川師宣《ひしかわもろのぶ》（？〜一六九四年）である。実は師宣にも東海全宿駅を描いた大作が知られている。元禄三年（一六九〇年）に出版された、『東海道分間絵図』（五帖・遠近道印《おちこちどういん》著）がそれである。この表題の分間《ぶんげん》とは、図中に「三分壱町之積り」とあるように一町を三分の縮尺で描いたというもので、従来の絵地図の伝統を色濃く受け継いだものであった。しかし木版で東海道図が出版されたこと自体、肉筆より安価で不特定多数を対象としていることを意味しており、それまでの大名や上流の武家以外の広い階層にこの幹線への興味が広がっていたことを窺わせるものとして注目すべきであろう。また、のちの広重へと繋がる浮世絵初の東海道図であることも、意義深い作品と見なせるものである。

【文芸の人気にあやかって】

かくして、東海道の絵図は浮世絵師によって描かれるようになったが、それが広重の「東海道五拾三次」のように各宿駅ごとに単独で描かれる揃物となってゆくには、どのような経緯があったのだろう。幾つかの要因を挙げることが可能だが、ここでは決定的な二つの事柄についてみてみたい。

その一つは、文芸との係わりである。広重が活躍した江戸後期には、十返舎一《じっぺんしゃいっ》九《く》（一七六五〜一八三一年）が著した滑稽本『東海道中膝栗毛』が爆発的な売れ行きを

◆古くから川越しの旅人たちによって賞美された安倍川名物「安倍川餅」。徳川八代将軍吉宗が、生家のある紀州と江戸をたびたび往還する際に、ここ安倍川の餅をことのほか好んで食したという話も残る。右写真は、江戸時代から続く老舗「石部屋」。

みせ、庶民の旅への憧れをかき立てていた。もっとも、この『東海道中膝栗毛』が発表されるより約一五〇年近く前に、主人公二人の道中滑稽見聞話を綴った本が刊行され、これまた一大流行をみせている。それは浅井了意《りょうい》（？〜一六九一年）の著した仮名草子『東海道名所記』であった。内容は楽阿弥陀仏という僧と、年の頃二十四、五の大坂の手代が、二人連れで東海道を名所見物をしながら上り旅をするという夢物語である。男二人の気楽な珍道中という点では、少なからず一九の構想に影響を与えていることは否めない。実際、二人の主人公は、『東海道中膝栗毛』では駿河府中生まれの道楽者・栃面屋《とちめんや》弥次郎兵衛と、旅役者の喜多八（鼻之助）となり、東海道の珍道中をくりひろげているのである。

浅井了意と一九双方の発表には、約一世紀半という隔りがありながらも、共にロングセラーとなった事実は、近世庶民がいかに変わることのない旅への強い憧れをもっていたかの証左といえるのではないだろうか。ちなみに一九はこの空前の売れ行きによって、東海道だけではなく、金毘羅詣《こんぴらもうで》や善光寺道中などの続編を発表し続け、二十年余にわたって弥次・喜多による旅の楽しみを綴ったのであった。

このような文芸によって旅、あるいはもっと身近な街道への興味は広く浸透していったものと思われるが、さらにより具体的な東海道の名所や旧跡などを紹介したのが、秋里籬島《りとう》（生没年不詳）の編集になる、寛政九年（一七九七年）刊行の地誌『東海道名所図会』全六巻である。この本は京都から江戸までの詳細なガイドとなっていて、挿図も浮世絵師の北尾政美《きたおまさよし》（一七六四〜一八二四年）ほかの絵師が丹念な描写をみせたものであった。もちろん、発表されるや大きな評判を呼んだので、一段と巷間に旅への身近さや憧憬の念をかき立てたにちがいない。

秋里籬島の『東海道名所図会』が出版される前後の浮世絵界は、黄金期と呼ばれる最も芸術性の高揚した年代であった。特に、明和二年（一七六五年）に鈴木春信（一七二五？〜一七七〇年）らによって完成された多色摺木版の錦絵《にしきえ》は、斯界を一層活発で多彩なものとしていた。それが、この本の刊行された一八〇〇年頃には、著名な浮世絵師はもちろん、時代の嗜好や趨勢を敏感に捉え、直接出版に結び付けていった勝れた版元たちも出現して、黄金期を現出させたのである。

当然、営利に目ざとい版元たちは、『東海道名所図会』、次いで『東海道中膝栗毛』の想像を超える人気を見逃すことはなかった。ここに至って各宿駅を一枚ずつに描き分けた東海道の揃物が出版されはじめるのであった。たとえば歌川豊広（？〜一八二九年）の「東海道名所絵」、栄松斎長喜《えいしょうさいちょうき》（生没年不詳）の「五十三次」（ともに全版行枚数不明）などがそれである。そして最も多作だったのは、葛飾北斎（一七六〇〜一八四九年）であった。一八〇〇年初頭から一〇年頃にかけて、確認されている

▼東海道ミニガイド

静岡県静岡市―②

◆安倍川を越え、さらに西に進むと、やがて丸子（鞠子）の宿場。名物のとろろ汁で知られる。江戸時代は宿場中にとろろ汁を食べさせる店がたくさんあったというが、現在は丁子屋（P157写真）がわずかにその風情を残す。

揃物だけでも、七種の多くに及んでいる。

ところで、この年代の東海道作品全般に共通した特徴としては、宿駅の人びとや旅人に主眼が置かれ、景観描写にはあまり注意が払われていないことである。それよりも、多くの図に男性の二人連れがたびたび描き込まれていることから、『東海道中膝栗毛』の弥次・喜多を強くイメージしていることが窺われる。やはり名所図会にみられる風物や、物語に興味を示す多くの購買者を意識した出版であったというべきだろう。

広重の「東海道五拾三次」

天保四年頃から発表されはじめた広重の保永堂版「東海道五拾三次」は、翌五年の正月には五十五枚全てが完結した。もう四十にも近い、数え三十八歳に達していた広重にとって、はじめての大ヒットであった。このシリーズの成功によって、以後、各街道、江戸、京、浪華《なにわ》、はては六十余州など全国の名所を描き続けることとなった。まさに〝名所絵の広重〟の評価は、このシリーズの成功があってこそといっていい。

ではなぜ、この保永堂版「東海道五拾三次」がそれほど高い評価を得たのだろうか。浮世絵の中の東海道作品は、縷々述べたように、まず絵図として始まり、

◆丸子宿から旧街道を少し外れた裏手に、しっとりとしたたたずまいをみせる吐月峰柴屋寺（とげっぽうさいおくじ）。中世の連歌師・宗長が庵を結んだ場所であり、見事な庭園は、宗長自身の手になるという。竹細工でも有名。

名所図会や文芸作品に影響を受けて人物中心の揃物が生み出されていったのであった。これらに対して広重のそれは、人物よりも名所景観に重点を置いて描いていることに大きな相異がある。まさに〝名所絵の広重〟だ。

　広重は、四季折々の景観を詩情味豊かに描写し、その中に土地の人びとや旅人などを描き込んでいる。また、雨や雪といった天候をも意識し、それまでの東海道作品より一段と臨場感をもった作品に仕上げているのである。人びとは、いままでの東海道作品にみることのなかったセンチメンタルな情趣と、臨場感に共感したのであった。

　こうした景観描写に主眼を置き、その中に人びとの営みを配するという構成は、天保二年頃に版行されていた、葛飾北斎の「冨獄《ふがく》三十六景」に触発されての可能性も考えられるところである。

広重はスケッチをしたのか？

この保永堂の「東海道五拾三次」は、それまでにない臨場感をもった揃物であることから、広重は京に上り直接実景を写生して制作したと伝えられてきた。果たしてそうだろうか。それを検討するためにも、簡単に広重の出自と「東海道五拾三次」出版までの閲歴をみてみたい。

広重は、寛政九年に江戸八代洲《やよす》河岸の定火消《じょうびけし》屋敷(現在のJR東京駅辺り)に出生した。文化六年(一八〇九年)、数え十三歳の時に父母ともに没したため、家職の火消同心を継いだ(二十七歳で同職を隠退)。十五歳になって、本格的な作画の道へ進むため、当時世評の高かった初代歌川豊国(一七六九～一八二五年)に入門を希望したが断られ、同じ歌川派の豊広に師事した。画界へのデビューは十七歳とも二十二歳ともされるが定かではない。以降、役者絵、武者絵、美人図、名所絵などを発表したが三十歳代半ば頃まで遂に画名の上ることはなかった。伝えによると、こうした不遇な日々を送っていた広重は、天保三年(一八三二年)、三十六歳の時に幕府の内命を受けて、八朔《はっさく》の御馬献上の行列に加わり京に上ったとされてきた。この御馬献上とは、八月一日に幕府が朝廷へ馬を奉る重要な儀式である。この時の京への旅でスケッチした下絵をもとに、翌年から保永堂で出版したのが「東海道五拾三次」である、とされているのである。

◆丸子から次の宿・岡部へ向かう途中に横たわる宇津谷峠は、古くは平安時代の在原業平の歌にも登場する峠。時代により峠越えのルートも変わり、明治時代には、日本で二番目に古く、初の有料トンネルが貫通した(左写真)。

古くから言い伝えられ、信憑性の高い話と言われてきたが、遺憾ながら今日までそれを証すべき資料の存在は報告されていない。果たして、この行列に加わって京へ上ったのだろうか。資料の見当たらない現在、客観的な立場からいうと、疑問という他ない。第一、同心職を隠退していた一介の浮世絵師が、重要な幕府の行事に加われるということ自体、不自然である。さらに作品の中には、名所図絵などから構図を採ったものが何点か確認されており、また実景とは異なると思われる図があることも疑問の理由である。それよりも、広重がこの行列に加われたとしても、重要な任務を帯びていながら写生旅行などできただろうか。不謹慎というべきだろう。

近年、広重は「東海道五拾三次」を制作するために実際に京へ上ったのかどうか、という議論が盛んである。だがそれは研究面では重要なテーマであれ、作品そのものの評価を左右するものではないだろう。あの北斎ですら足を踏み入れることのなかった琉球の名所を描いているし、当の広重も六十余州の広範囲にわたる名所を描いているのである。

この保永堂版「東海道五拾三次」の大半がたとえ想像の所産であったにしろ、逆に広重が夢みた街道各宿の心象風景であったからこそ、今もなお我われの心を捉えて止まないのだといえないだろうか。

岡本かの子

憧憬の通い道

●宮内淳子・文 text by Junko Miyauchi

歌人として、小説家として、
そして日本における漫画の先駆者である岡本一平の妻として
その名を知られた岡本かの子(一八八九〜一九三九年)。
彼女が小説家として文壇に認められたのは、その死のたった三年ほど前のことである。
それにもかかわらず、短期間に書き残された膨大な量の小説は、
型にとらわれない独自の語り口でいのちの持つ煌めきや重みを描き出し、
今日なお我々を魅了してやまない。こうした作品のひとつに
「東海道五十三次」という短編がある。ここに描かれた近代の東海道と、
そこに生きる人の姿に、かの子はどのような魅力を見いだしたのだろうか。

「東海道人種」の登場

鉄道が敷かれた近代以降の東海道は、遠方へ行くため必要に迫られて歩く街道ではなくなった。鉄道で行けるところを、わざわざ歩いて東海道を行く人々がいたとすれば、それは、近代になって広がった旅のたのしみを味わうためだったろう。旅はよく人生にたとえられる。その味わいを凝縮させ、東海道の魅力とあわせて描き出したのが、岡本かの子の短編「東海道五十三次」(昭和十三年)である。

この小説は、風俗史家の夫を持つ女性が「平凡に過した半生」の中から、東海

道にまつわる思い出を語ったもので、時代は大正時代半ばから昭和十三年（一九三八年）にかけてのことである。語り手の夫は東海道が好きで、仕事が忙しくて旅に出られなくなると、「小夜《さよ》の中山を越して日坂の蕨餅を食つてみたいとか、御油、赤阪の間の松並木の街道を歩いてみたいとか、譫言《うわごと》のやうに言つてゐた」という。この夫は東海道へさまよい出そうな思いをこらえて社会人としての生活を守ったが、思いのままに東海道へのめり込み、家族から離れて漂泊の日々を送った人物も描かれていた。

はじめて語り手が東海道を歩いたのは、婚約期間中だった現在の

石部宿付近の旧街道に、古き良き時代の風情を残す造り酒屋（北島酒造）。

夫に誘われてのことだった。このとき彼は、「この東海道には東海道人種とでも名付くべき面白い人間が沢山ゐるんですよ」と話し、たまたま出会った「東海道人種」である作楽井《さくらい》という中老の男性を紹介してくれた。

作楽井は、もと小田原の穀物商だったが、三十四歳のときに商用で東海道を歩いてから、この街道に魅せられて家に落ち着かなくなったという。彼は、器用さを活かして宿々でいくらかの手仕事をしながら、東海道を行き来して生涯を終えた。

東海道の魅力を語る作楽井のことばを引こう。

> この東海道といふものは山や川や海がうまく配置され、それに宿々がいい、工合な距離に在つて、景色からいつても旅の面白味からいつても滅多に無い道筋だと思ふのですが、しかしそれより自分は五十三次が出来た慶長頃から、つまり二百七十年ばかりの間に幾百万人の通つた人間が、旅といふもので嘗める寂しみや幾らかの気散じや、さういつたものが街道の土にも松並木にも宿々の家にも浸み込んでゐるものがある。その味が自分たちのやうな、情味に脆い性質の人間を痺らせるのだらうと思ひますよ

彼は、家族と離れ社会に背を向けたが、人間嫌いというのではない。本当の人

▼東海道ミニガイド
滋賀県石部町―①

◆東海道も、京都まであと少しの石部宿。江戸から数えて第五十一宿、あとは草津、大津を残すのみである。逆に、京都から江戸に向かう旅人の多くは、最初に泊まったのがこの宿場だ。

旧街道は大変道幅が細く、宿場の雰囲気を残す町並みながら、現在も生活道路としておおいに人、車が行き交う。

間味を、実社会ではなく、東海道の方に強く感じとってしまったのである。

東海道の魅力とは……

「東海道五十三次」の語り手は、早くに母を失い、父の手で育てられた。有職故実の考証を生き甲斐としていた父のもとに、同じ道を志す一人の学生が出入りしていたが、語り手は父の意向で、この青年と結婚することになる。結婚の話がまとまったとき、彼女は「狭い職分や交際範囲の中に同じやうな空気を呼吸して来た若い男女が、どのみち一組になりさうなことは池の中の魚のやうに本能的に感じられるものである」と、この現実を受け入れていた。若いうちから、人生の達人のような落ち着き方だ。このように感情の起伏の少ない語り手が、唯一その思いを高ぶらせたのは、中年に達した夫婦の間に、昔歩いた東海道へ行ってみよう、という話が出たときである。

> 私は初恋の話をするやうに身の内の熱くなるのを感じて来た。初恋もない身で、初恋の場所でもないところの想ひ出に向つて、それは妙であつた。

東海道が、このおとなしい女性の胸をこうも熱くさせたのは、やはり作楽井の

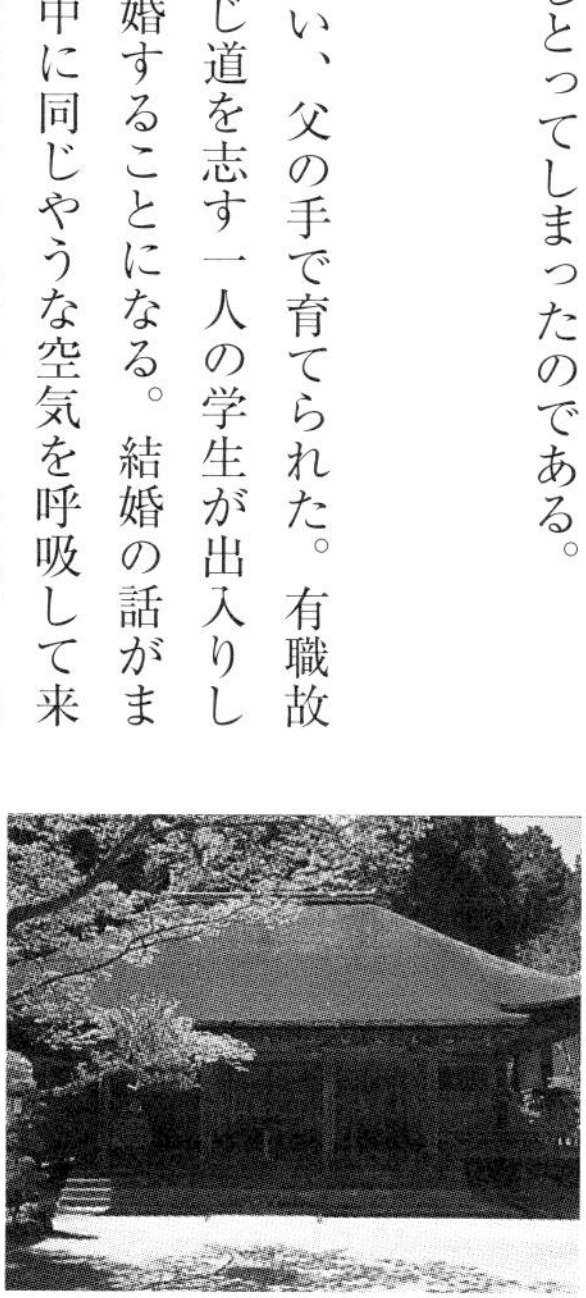

◆旧街道から南方に見える阿星山に向けて車で十分ほど走る。突然丘陵地帯に現れたのは、二つの風格ある古寺。西にあるほうは通称西寺と呼ばれる常楽寺（左写真）、東に位置するのは、東寺と呼ばれる長寿寺（右写真）、ともに奈良時代後期に名僧・良弁（ろうべん）が開いた古刹である。西寺は、本堂と三重塔が、東寺は本堂が、それぞれ国宝に指定されており、街道筋とは異なる、時間が止まったかのようなたたずまいが印象的。

語った東海道の魅力のせいであろう。作楽井は、自分が東海道から離れられない理由を、次のように語っていた。

> それに不思議なことはこの東海道には、京へ上るといふ目的意識が今もつて旅人に働き、泊り重ねて大津へ着くまでは緊張してゐて常にうれしいものである。だが、大津へ着いたときには力が落ちる。自分たちのやうな用事もないものが京都へ上つたとて何にならう。
>
> そこで、また、汽車で品川へ戻り、そこから道中双六のやうに一足一足、上りに向つて足を踏み出すのである。何の為めに？　目的を持つ為めに。これを近頃の言葉では何といふのでせうか。憧憬、なるほど、その憧憬を作る為めに。

東海道を歩くのは、京都へ上るためではなく、そこへ行く過程に醸される心情を噛み締めるためなのだという。実在の京都なら移動すれば必ず着けるが、「憧憬を作る為め」の目的地とは、心の中にしかない。だから、そこに着くことはできないし、着く必要もない。

語り手は、二十年余りたっても、作楽井の語る東海道の魅力をよく覚えていた。

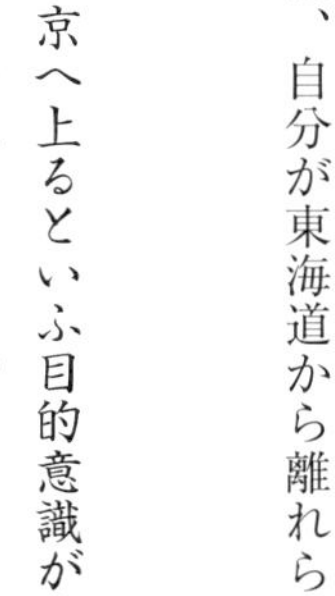

使い散らされなかっただけ、彼女の憧憬は清新なまま心の底に保たれて、表に出たときには彼女自身が驚くほどだった。繰り返し自分を平凡な人間だと述べる彼女は、実のところ、作楽井の生き方に共鳴しうる情感を持っていたのである。そしてそれは、特別なものではなく、探してみれば私たち誰もが持っているものではなかろうか。少なくとも、旅に心ひかれる人間なら、心あたりがあるだろう。

【彼方の地、いにしえの人を思う道】

作楽井は、ある目的の達成や、今日よりは明日の成長を人生の重大事とする近代の世界観に背を向けて、東海道へやってきた。目的地に着くより、彼方を憧憬する心をもってあたりの風景を楽しむ方に価値を置いた彼は、実人生においてもどこにも到着せず、何も残さなかった。

しかし、彼の、背を向けるという行為は、外界との接触を恐れて自分の殻に閉じこもるというものではなかった。かの子は、他の小説でも思いを込めて、こうした人物を描いているが、そこには必ず人と人との交流があった。「東海道五十三次」では、作楽井と語り手との間にそれが見られる。時代に取り残されたとはいえ、東海道は本来人の行き交うところであり、この小説の題名にも、そうした交流の意味あいが込められていたはずである。作楽井は、昔からここを通った旅人のさまざまな情感が街道に浸み込んでいて、「その味が自分たちのやうな、情味に脆い性質の人間を痺らせる」と言っていた。これによれば、東海道での交流とは、生きている人間同士のことに限らない。語り手もまた、東海道では古人と心を通わせていた。

彼女にとって、はじめての東海道は、夜汽車で静岡に着き、朝から西へ向かって歩き始めて、手越、丸子《まりこ》、宇津谷《うつのや》峠を越え、岡部、藤枝を経て大井川を眺め、島田から汽車で東京へ戻るという旅程であった。古い街道には、土地にまつわる話がいくらでもある。

手越の里には、「平家物語」にある平重衡《しげひら》と千手《せんじゅ》の前の恋物語があった。千手の前の恋について、「当時の鎌倉といふものは新興都市には違ひないが、何といつても田舎で文化に就ては何かと京都をあこがれてゐる」ために、「都会風の洗練された若い公達に会つて参つたのだらうし、多少はさういふ公達を恋の目標にするこ

◆左の写真は、東寺に続く道路に張られた、奉納御縄。独特の造形である。西寺に向かう途中にも、似た形の縄が張られている。

とに自分自身誇りを感じたのぢやないでせうか」と、彼は話してくれた。

丸子でとろろ汁の食事をしたあと、吐月峰柴屋寺へ行くが、ここでは連歌師の宗長の話が出た。彼女はこれを聞いて、「東国の広漠たる自然の中に下つてもなほ廃残の京都の文化を忘れ兼ね、やつとこの上方の自然に似た二つの小峰を見つけ出してその蔭に小さな蝸牛のやうな生活を営んだことを考へてみた。少女の未練のやうなものを感じていぢらしかつた」と思いをめぐらしている。千手の前と同じく、宗長にも京都への思慕が読み取られていた。彼らは求めて得られぬものを街道の西の彼方に眺め、その思いによって生を彩っていた。その彩りは、思うものとの距離が遠いほど濃さを増したであろう。彼女は、そうした古人の心情に思いを寄せてゆく。

「初恋のない身」と言っていたが、異性に抱くもののみが恋ではなく、距離のあるものへ寄せる憧憬もまた哀切な恋だとすれば、久しぶりの東海道行きに感じた彼女の気持ちの高ぶりが初恋に似ていたとしても不思議はない。

東海道と岡本夫婦

東海道の魅力をかの子に教えたのは、その夫である岡本一平だったに違いない。かの子も講演などで東海道沿いの街へ赴き、土地の風物に触れる機会があったよ

▼東海道ミニガイド
滋賀県石部町～甲西町―②
◆石部宿から、旧街道を東に少し戻ってみよう。隣の宿・水口（みなくち）との間に、ウツクシマツという、この地域独特の松の群生地がある（右写真）。天然記念物にも指定されているこの松、普通の松とは違い、根本から株分かれして、箒のようなユニークな形をしているのが特徴。街道から少し南に外れるが、大変珍しいので一見の価値あり。

うだ。しかし、決して壮健ではなかった彼女が、積極的に各地を歩きまわったとは考えにくい。

早くから東海道に親しんでいたのは、一平のほうであった。

岡本一平は、周知のとおり、大正から昭和初年にかけて人気の高かった漫画家である。昭和四年（一九二九年）から足掛け三年にわたる岡本家の欧州滞在を可能にしたのは、五万セットもの売り上げを記録した『一平全集』（全十五巻、昭和四～五年、先進社）の印税であった。当時の一平の人気がわかるであろう。一平は、大正十年（一九二一年）五月、日本で最初の漫画家団体である東京漫画会の一員として、東海道を自動車で走破するという企画に参加している。まだ新興勢力だった漫画家という職業を広く知ってもらうためのイベントで、一平は参加した十八名のうちのリーダー格であった。静岡では市長らの歓迎を受けたが、その宴席で一平は、

一般に浮世を茶化す職業のもの、のように思ひ做《な》されて居る漫画家が茶の産地の静岡にて爾く盛大なる歓迎を受くるは必ずしも縁のない事でも無い、静岡がその茶業の発展を対国内より追々対世界に拡張してかうといふ大理想は亦漫画家の学ぶべき事である。（『東海道漫画紀行』大正十一年）

と挨拶した。滑稽味を前面に出しつつ、漫画に賭けた意気込みも伝わってくる。

この企画に参加した漫画家により、肉筆限定版『東海道五十三次漫画絵巻』（大正十年）や、五十三次の絵と文章より成る『東海道漫画紀行』（大正十一年）などが刊行された。また、一平個人もこのときの旅について、「今の東海道五十三次」「漫画より見たる五十三次」（大正十年）という、漫画つきの文章をかいている。

これ以前にも、「欠伸をしに」という漫画つきの静岡紀行を大正六年に発表していた。これらを読むと、かの子の「東海道五十三次」にある街道の風景は、実際の見聞というより、一平の文章から得たものらしいと推測される。

欧州より戻った頃から、一平は、かの子を作家として独り立ちさせることに力を注ぎはじめた。いわば作家・岡本かの子をプロデュースしようとしていた一平が、お嬢様育ちで世間の狭い彼女に素材を提供したとしてもおかしくない。ある

さらに旧街道を東に向かうと、上に川が流れているトンネルをくぐる。いわゆる「天井川」で、琵琶湖近辺には多いと聞く。有名なのは、一つ西寄りの草津宿に入る直前にある草津川のトンネルで、こちらは岡本かの子の「東海道五十三次」にも登場する。

いは一家の語らいの中で、かの子が東海道に興味を抱いて一平の紀行文を読んだのかもしれない。

ただし、素材は一平から得たとしても、街道への憧憬を語る人々は、かの子が他の小説にも描き出した独自の人間像であって、人から提供されたものではない。「みちのく」「老妓抄」（昭和十三年）、「家霊」「鮨」（昭和十四年）といったかの子の短編の主人公たちも、「東海道五十三次」の作楽井とよく似ていた。彼らは、現世の営みの中で齢を重ね、相当長いこと同じ繰り返しの日々を送っていながら、何ものかを恋い、憧れる心を摩滅させなかった人々である。残り時間が少ないと自覚するほどに、思いは切ないものとなってゆく。彼らは、身体的に老いてゆくのに、得られぬものへの思いは日々更新されてゆくことに戸惑いつつ、その気持ちをはぐらかさずに生きていた。

これらの短編を発表したとき、かの子は四十九歳であり、死は昭和十四年二月十八日に迫っていた。自身の思いがここに濃く反映されていたに違いなく、「東海道五十三次」では、それが、東海道を行く人々の上に描き出されたのである。

第5章

信仰に見る東海道

修験道

文化と情報の伝達者

●久保田展弘・文 text by Nobuhiro Kubota

叡智の道があった。
富士や伊吹や比叡の山嶽で修験道が培われ
その思想・文化は東海道を通して
各地へと伝播していく。
宗教は当時の最先端文化であった。
修験者は文化の伝達者として山を下り
東海道に幾つもの文化の記憶を残していく。

【鎮火の神を祀った富士山】

東海道新幹線で西へ向かうとき、晴れた日ならば「あっ、富士山！」という、歓声を聞かないことはまずない。

新幹線で何度となく往復しても、富士山（三七七六メートル）の見える光景には、いまはじめて見るような新鮮さがある。山頂から思いきり裾野を広げた、コニーデ型火山の山容がもつ雄大さには、自然の景観という概念を超えた清新な息吹が満ちている。静岡、山梨の両県にまたがり、広大な山麓をもつ富士山は、まさに

［琵琶湖黎明］　延暦寺・東塔より見る琵琶湖の朝焼け。陽は鈴鹿山脈の彼方より昇り、近江の町々をあまねく照らす。

二つとない不二《ふじ》の山なのである。

早くから山開きと夏山登山の映像が知れわたっているせいか、多くの人は富士山を見ても、それが奈良時代以前からの歴史をもつ、山岳信仰の対象だったとは思わないだろう。車窓から望む山容があまりに明るく、陰《かげ》がないために、そこに深い歴史の襞が隠されているとは思えないかもしれない。

奈良時代を記録した史書『続日本紀《しよくにほんぎ》』の文武天皇三年（六九九年）五月二十四日の条に、役君小角《えのきみおづぬ》という山林修行者が「妖術で人を惑わす」という罪で、伊豆嶋へ配流になったことが報告されている。

ここに登場する役君小角とは、日本の山岳宗教、修験道《しゆげんどう》の祖に位置づけら

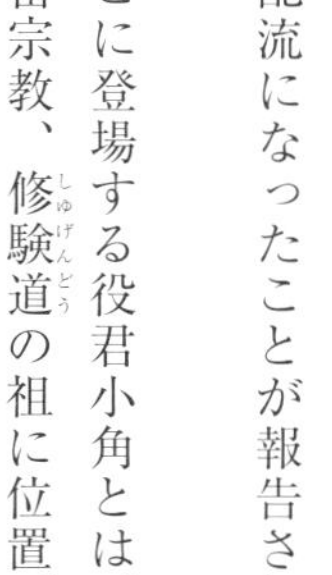

［東海道から見る富士山］　優美なシルエットを見せる富士山だが、記録で確認できるだけでも十回の噴火を繰り返す活火山である。一七〇七年の宝永の噴火以来休止状態をたもっている。

れ、のちに役行者《えんのぎょうじゃ》の名で知られることになる修験者のことだ。この行者が伊豆の大島と推測される地に島流しになったというのが、記録の趣旨である。役行者は、八二二年ごろに成立する仏教説話集『日本霊異記《にほんりょういき》』では、島に捕らわれているあいだも、夜は「駿河《するが》の国の富士の山に行って修行をつづけた」として、その呪術の威力が絶大な、稀代の行者として、一三〇〇年余のあいだ讃仰の対象になってきた。

古代における超人ともいうべき役行者だが、その実像を探る資料はひどく限られている。しかし、一方で伝説化した役行者は、江戸時代には歌舞伎の演目でヒーローにまで祭りあげられ、二〇〇〇年には、関西にある三大本山を中心に「役行者一三〇〇年遠忌」が営まれもした。奈良時代をさかのぼる白鳳時代後期に役行者が活躍し、富士山で修行をしたという伝承は、この秀峰がいかに古代にまでさかのぼることができる山岳宗教の霊山であるかを示していよう。

奈良時代中期に編纂された『万葉集』や『常陸《ひたち》国風土記』などには「駿河国福慈岳」とか「不尽」あるいは「布士」と、思いのこもった文字を用いて富士山が登場する。平安時代に編纂された『聖徳太子伝暦』では、黒駒に乗って富士を登山する、神格化された聖徳太子が伝説的に語られている。また、鎌倉時代の遊行聖《ゆぎょうのひじり》・一遍《いっぺん》は、霊峰を間近に仰ぎながら西へ向かうが、『聖絵』に描かれた富士山は、野にそそり立つ神仏というべき荘厳さを湛《たた》え比類がない。

［富士曼陀羅］富士講の礼拝対象である曼陀羅図。神仏習合であることがわかる。富士講宮元講社所蔵。写真・筆者。

万葉びとにとって富士山は登る山でも修行する山でもなく、神霊がやどる神秘の山であったのだろう。霊峰にたいする信仰は、奈良から平安時代にかけて度重なる爆発をくりかえした、荒《あら》ぶる神山への畏怖の念にはじまっている。

古代人は火山の鎮火を祈り、浅間《せんげん》大神を祀って社を設け、ここに富士信仰がはじまる。のちに富士修験の名でいわれる広がりは、平安時代に富士山頂をきわめ、山頂に大日寺を建立したと『本朝世紀《ほんちょうせいき》』（平安時代末期成立の歴史書）の久安五年（一一四九年）に記される末代《まつだい》上人を先駆者としなくてはならないだろう。

「富士上人」の名で、畏敬の念をもって呼ばれる末代上人は、数百度におよんで富士登山を果たし、鳥羽法皇の帰依をうけ、書写した経典を山頂に埋納したという。

〝火を噴く山〟は修行の山となり、行者が庶民にかわって苦行を果たす代受苦《だいじゅく》の対象ともなるが、鎌倉時代には修験の山として「富士行《ふじぎょう》」が組織され、その流れは江戸時代における「江戸八百八講」とまでいわれる、富士信仰の隆盛をまねくのである。そしていまも、明治維新以後、神道色の強まった富士講の活動はつづいており、夏山シーズンの山道で、白衣をまとった講中の集団登拝に出会うことも珍しくない。

【記紀神話に登場する伊吹山】

新幹線の関ヶ原近辺から望む標高一三七七メートルの伊吹《いぶき》山は、どこか古代的な風格をそなえた山容に見える。だが、岐阜と滋賀の県境にあるこの山に、中世の伊吹修験としての勢力のあったことを想像するのは難しい。

夏山シーズンには、夜間登山を楽しむハイカーさえいるほど身近な山として人気のある現代の伊吹山だが、『古事記』には伊服岐能山として、『日本書紀』では胆吹山の名で、いずれも倭建命《やまとたけるのみこと》（日本武尊）伝説の霊山として登場する。

叔母の倭比売命《やまとひめのみこと》から授かった草薙《くさなぎ》の剣を、結婚相手の美夜受比売《みやすひめ》のもとに置いたまま、丸腰で伊吹山の神を討ち取ろうと山を登った倭建命は、『古事記』では白い大猪に、『日本書紀』では大蛇に化身して現れた伊吹山の神を軽んじたことから命をおとすことになる。伊吹山の荒神による、激しい氷雨に攻めたてられたのだ。

景行《けいこう》天皇の皇子として、九州の熊襲《くまそ》、東国の蝦夷《えみし》を征討した英雄として伝説化している倭建命が、命をおとす原因となった神の山であるためか、伊吹山は平安時代のはじめには、日本七高山[注1]のひとつに数えられている。

山名から想像されるように、山の霊気の息づく山という山岳観で受けとめられていた伊吹山には、かつて山腹に観音寺、弥高《やたか》寺、太平《たいへい》寺、長尾寺の四護国寺をはじめとする多くの伽藍《がらん》があった。修験道の山として大乗峰とも呼ばれ、近世に

[注1]**日本七高山**（にほんしちこうざん）
京都・滋賀県にまたがる比叡山、滋賀県の比良山、伊吹山、京都府の愛宕山、大阪府の神峰山（かぶさん）、奈良県の金峰山（きんぷせん）、葛城山。

いたって衰退するまでは、北陸の白山や大峰、熊野の修験との交流もあったのである。円空《えんくう》仏で知られる円空は、伊吹修験道の行者であった。

さらに倭建命といえば、死後に白鳥となって倭国《やまとのくに》を指して飛んで行ったという伝説でも有名だが、『日本書紀』には、白鳥となって飛びたったあと、その柩《ひつぎ》を開いてみたら屍はなく、清らかな布の衣服だけがのこされていたと記されている。

こうした伝説は道教[注2]が説く、仙人になる方法のひとつである尸解[注3]に通じる話で、死後、蝉が殻から脱けだすようにして仙人となるのだった。『日本書紀』には推古《すいこ》天皇の時代に、聖徳太子が道端に倒れていた飢えた人に飲食、衣服を与えるが、その人の死後、土中の柩には屍骨はなく、衣服だけがたたまれていたという類似の話が見える。

伊吹山で運命を変えることになる倭建命の伝説に道教が関わっていたとすれば、六世紀半ばの仏教伝来以前に、道教が日本人のこころをとらえていたことを想像させる興味深い伝承ということになるだろう。

比叡山――日本仏教の母山

伊吹山の西方に、北から南におよんで水面を広げる琵琶湖は、古くは「淡海《おうみ》」あるいは「近江海《おうみのうみ》」の名で呼ばれた大湖で、古代からその湖岸に日本海沿岸と大

[注2] **道教**（どうきょう）巫術や神仙思想をミックスした中国漢民族の伝統的な宗教。老荘道家の思想を中核とし、唐代には国教として隆盛した。

[注3] **尸解**（しかい）死んだあとに肉体から脱け出し、仙人となること。尸解仙。道教が説く仙人になる方法の一つだが、尸解仙のほかに肉体のまま虚空に昇る天仙、名だたる聖山に遊ぶ地仙がある。日本には道教の伝来と共に広まったと考えられる。

［役行者像］役行者は奈良県の吉祥草寺付近で舒明天皇六年（六三四年）に生まれたと伝えられる。木像の左右には役行者が生駒山で行中、弟子入りした前鬼後鬼が配されている。千光寺所蔵。写真・筆者。

和を結ぶ街道のあることでも知られている。

大化改新（六四五年）の以前から、帰化人の集落が開かれていたのも琵琶湖の周辺で、後漢《ごかん》・孝献帝《こうけんてい》の後裔《こうえい》につらなる最澄《さいちょう》の山林修行から、比叡《ひえい》山の天台仏教がはじまる。湖東から望む比叡山、比良《ひら》山の山なみは、いまも湖と一体となって四季折々の名景を見せるが、霊峰比叡は、山なみがまたがる一方の京都側からは、古来、平安京の北東、鬼門（艮《うしとら》）の方角に位置することから王城鎮護の山として、国家的な信仰の対象ともなってきた。

主峰の大比叡岳は標高八四八メートルの山とは思えない重量感をもって見え、京都では「お山」といえばこの山を指すほどに親しまれてきた。平安時代以降、奈良仏教を擁する南都[注4]にたいする北嶺として、大乗仏教[注5]の母山の役を果たしてきたのも比叡山である。

［注4］**南都・北嶺**（なんと・ほくれい）京都の南に位置する奈良・興福寺を南都という。これに対して北嶺は比叡山延暦寺のこと。最澄が奈良の各宗派と論争の際、奈良仏教を指して南都と呼んだ。

［注5］**大乗仏教**（だいじょうぶっきょう）紀元前後にインドで興った仏教の革新運動。仏陀になることを理想とし、自らを菩薩と名乗った。それ以前の仏教が一般の信者の救済というより、自利中心であったので小乗仏教と批判し、これに対し、大衆を悟らせ救済しようと説いたので大乗という。

平安時代末期から鎌倉時代にかけて、浄土宗の宗祖法然が、浄土真宗の宗祖親鸞、臨済宗の宗祖栄西、曹洞宗の宗祖道元、日蓮宗の宗祖日蓮が登場するが、この日本仏教の祖師方は誰もが比叡山に学んでいる。

最澄の悲願によってその死の直後、比叡山上に大乗戒[注6]のみによって授戒できる仏弟子養成のシステムが創設された。それまでは大仏開眼供養が行われた年の二年後、天平勝宝六年（七五四年）に来日した鑑真《がんじん》の意をくんで建立された東大寺戒壇院をはじめ、下野《しもつけ》（栃木県）薬師寺、筑前《ちくぜん》（福岡県）観世音寺の三戒壇のどこかで受戒するならわしになっていた。

出家しようとするとき、男性は二五〇戒、女性は三四八戒を受けなくてはならなかった。最澄は、形式にこだわらず仏教を修行しようと決意した動機や、こころそのものを重視する菩薩戒《ぼさつかい》思想を広めたのである。

のちの日本仏教は事実上、この思想を踏まえて形成されていった。インドや中国よりもさらに広く、すべての生命存在を同一の地平で捉える、草木国土悉皆成仏[注7]の思想を打ち出したのだ。当時の仏教界にあって、最澄による救済思想は、革命的とさえいえる意味をもち、現実肯定の生命哲学を導くことになる。

[注6]**大乗戒**（だいじょうかい）
大乗仏教の戒め。菩薩戒ともいう。それまでは仏教教団に入るとき、様々な戒を受けなければならなかったが、最澄は梵網戒（ぼんもうかい）のみを大乗仏教の修行規範とし、形式的な戒律の枠を取り払った。

[注7]**草木国土悉皆成仏**（そうもくこくどしっかいじょうぶつ）
草、木、国土などすべてが、人間と同じように成仏できるという思想。

［薬師如来と不滅の法灯］法灯は一二〇〇年間灯りが絶やされたことがない。奥の厨子には最澄が刻んだ秘仏薬師如来像が祀られている。

【道の文化を記憶する東海道】

最澄は、奈良時代の末期、十九歳の四月に東大寺戒壇院で受戒するが同じ年の七月に、生まれ故郷に近い比叡山に入ってしまう。権威化し学問仏教に傾き、庶民救済の力を失っていた奈良仏教を脱した最澄が目指したのは、山岳に心身を投じることによって悟りの智慧を得ようとする実践仏教だった。

都が平城京から平安京へと遷されたこの時代、ときの桓武《かんむ》天皇の擁護もあって最澄は、法華経をテキストとする天台学を学び、山林修行という実践を重ねながら、出家者は十二年間、山に籠って学問し修行する籠山行《ろうざんぎょう》など、仏教による教育システムを確立してゆく。

また最澄につづく円仁《えんにん》や円珍《えんちん》らの奮闘

によって、天台密教が形成され、円仁の指導を受けた相応《そうおう》によって回峰行《かいほうぎょう》が創始され、天台修験が打ちだされてゆく。

驚くべきことは、世俗の価値観を超えた山中において実践されるこれらの修行が、IT社会の現代にまで営々と受け継がれていることである。現在、山上に遊園地があり、自動車道路がめぐる比叡山だが、なお宗教世界であることの証であろう。

とかく弘法大師空海と比較されることの多い最澄（伝教大師）だが、比叡山に華開いた、実践を踏まえた大乗仏教こそ、のちの日本仏教を生みだす母胎となったことを否定することはできない。しかも最澄、空海による山岳仏教がもつ、善悪・生死・美醜といった二元相対の価値観を超えた思想こそが、日本文化の独自性を促してゆくのである。

そして最澄による仏教は、滋賀県大津側にある日吉大社の宗教境域へ分け入ることにはじまった。日吉大社は明治の神仏分離まで、比叡山天台仏教と一体の宗教境域にあった。この境内にある八王子山に寄せる

［行者の草鞋］横川・四季講堂の脇に行者たちが履いた草鞋がさげられていた。どれもしっかりと比叡の土を踏みしめている。

神体山《しんたいさん》信仰、社殿（樹下宮）の下にいまも水が湧きでる湧水信仰、古代の霊魂信仰を偲ばせる横穴式古墳群等々は、この神域の古代性を端的に示している。

大乗仏教は、こうした古代の自然崇拝、霊魂信仰を入り口にして育まれ、山林において形成されてゆくのである。

役行者の配流にさかのぼるまでもなく、西と東を結ぶ街道を、あるときは行者（験者《げんざ》）が駆け、一遍をはじめ多くの宗教者が往還した。彼らはその時代の新しい文化の担い手であり、最新の情報の伝達者でもあったのだ。東海道には随所に、その道の文化・思想が記憶されている。

おかげまいり

伊勢をめざした民衆のエネルギー

●久保田展弘・文 text by Nobuhiro Kubota

「御蔭でさ、するりとな、抜けたとさ」
はやし歌を唄いながら農民も商人も女も子どもも、
伊勢神宮をめざした。
「おかげまいり」をキーワードに
民衆の爆発的なエネルギーは東海道を駆け抜ける。
江戸期におよそ六十年ごとに起こった
この大ムーブメントとはなんだったのだろう？

ある日「おふだ」が降ってきた

いったい四六〇万人もの人が、伊勢神宮へ参詣する光景を、どう想像できるだろうか。それは「お伊勢参り」というには、あまりにも型破りな参詣であった。

江戸時代の慶安《けいあん》三年（一六五〇年）にはじまる伊勢神宮への集団参詣は「おかげまいり」の名で呼ばれ、幕末までの前後七回が記録にのぼっている。このうち天保《てんぽう》元年（一八三〇年）の閏《うるう》三月に、四国の阿波《あわ》（現在の徳島県）にはじまった「おかげまいり」は、五センチほどの長さの「おふだ」が降ってきたことがきっかけだった。

［旧東海道］伊勢への分かれ道、日永の追分に向かう車の列。現代の東海道では渋滞も起こる。

四国はもとより京都・大坂から、東は遠州、駿州《すんしゅう》、伊豆、相模、さらに美濃、尾張、越前等々にまでおよんだ「おふだふり」という奇異な現象は、はじめは子どもたちの集団を誘い、参宮熱ともいうべきそれは、あっという間に各地を襲い、ふだんは旅する機会もない人々を伊勢参宮へと駆りたてていったのである。

「おかげまいり」と書いた笠をかぶり、一人ひとりが杓《ひしゃく》をもった群参。大坂からは若い五十人余の女たちが男模様の衣装を身につけ、緋縮緬《ひぢりめん》のふんどしまでしめ、髪も男まげに結んで、道中「御蔭《おかげ》でさ、するりとな、抜けたとさ」とはやしたてて歩いた。さらに京都からの参宮者もまた鬼面をかぶったり、赤い衣装をまとうなどして、華美をきわめたという。

いったい伊勢神宮へ詣でるのに、時代の常識、倫理意識を破ることこそが目的であるようなこの出立ちは何をうったえていたのだろうか。

東海道から伊勢へ

最初の「おかげまいり」ともいうべき慶安三年（一六五〇年）、この年の正月下旬から群参がはじまり、もっとも多かった三月中旬から五月にかけて、一日に二一〇〇人もの参詣者が箱根の関所を越えて行ったと記録されている。

東海道沿いの群参については、元禄四年（一六九一年）に江戸参府を行ったドイツ人医師ケンペルの記録にも見える。彼は大津から土山までの十三里の道中で多くの旅人に出会い、その大部分が徒歩で伊勢神宮に向かう人であることに驚き、「春の東海道は参宮する人によって埋めつくされている」と記している。

初期の群参でその装束が白衣で整えられていたのは、中世以来の熊野詣でなど、社寺巡礼に観念されていた〝死に装束〟を意味していた。心身の苦痛をともなう巡礼は、仮死から新たな生へと蘇る、非日常に横たわるタイム・トンネルのようなものだったのだ。

それが宝永《ほうえい》二年（一七〇五年）、享保《きょうほう》年間の「おかげまいり」をへて、参詣者の風俗はいっきに派手さを増し、異様な衣装を身につけ、笛や太鼓、三味線までもちだし、宿々ではやしたてながら進んだというのである。

南山城にはじまり、奈良、大坂、河内と、近畿全体から集まり、東は尾張、岐阜、大垣、江戸、伊豆、相模からの群参もあった明和八年（一七七一年）の「おかげ

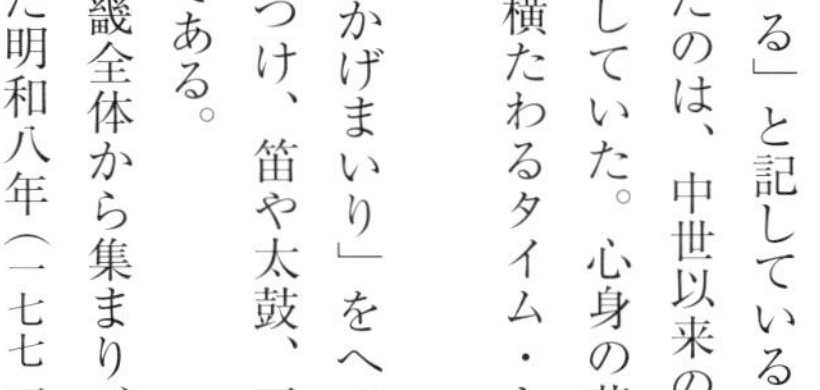

［中浜田町あたり］ひっそりと静まり返った旧東海道の光景。この道を「おかげまいり」の群衆が伊勢を目指したのだろうか。

まいり」にいたって、集団参詣は日常から解放されたいという、精いっぱいの思いを反映してか、多分に娯楽的な要素を帯びていた。

「おかげまいり」の象徴ともいえる柄《え》の長い杓（参詣者はこれに銭など施物を受けた）を持ち、口々にはやしたてながら、東海道を四日市をへて伊勢まで、およそ五〇〇キロの道のりをひたすら歩きつづける群参を想像してみる。そこに、悲しいまでの庶民の純情としたたかな逞しさがない交ぜとなって、彼らを急《せ》きたてているものが見えてこないだろうか。

「おふだふり」が、たとえ参詣を待ち望む伊勢神職団による民衆扇動に発端があったとしても、空から舞い落ちた一枚のお札を、まるで天啓のしるしにでも触れるようにしていただき、それを機に耐えていた日常の拘束がいっきに破られる。

さらにそれを起爆剤として、誰もが非日常の時間空間へ突入して行くことが暗黙のうちに許されてしまう。むろんここで「おふだふり」の噂はその都度増幅し、大神宮の神のお蔭によって旅が可能なのだという確信が、人々をいっそう駆りたてていく。

親子、夫婦、兄弟、姉妹さらに雇い主と使用人という絆《きずな》など、身のまわりのいっさいの拘束を振り捨て、奉公先を抜けだし、伊勢大神のお蔭とばかり、勇んで人々を参宮に向かわせた力。

［追分の湧き水］まろやかな口当たりの水が、今もこんこんと湧き出している。

それは、時代の変化を鋭敏な感覚でキャッチしてきた庶民が、なお果敢に生きようとするエネルギーにちがいない。むろんここには鎌倉時代にはじまる、一般民衆の熊野詣でや観音霊場などへの聖地巡礼が伏線としてあったことはいうまでもない。

そればかりではない。『日本書紀』が伝えるように、倭姫命《やまとひめのみこと》（垂仁天皇の皇女）に託された天照大神が、常世《とこよ》の浪が打ち寄せる伊勢の地に祭神として鎮座されるまで、大神は倭の笠縫《かさぬい》の邑《むら》から長い長い旅をされた神だったことを、いま一度思いださなくてはならない。

そして古くから日本人は、旅する人に神の巡幸《じゅんこう》を見てきたのだ。ほとんど着のみ着のままで在所をとび出しながら「御蔭でさ、するりとな、抜けたとさ」とはやしたてながらの旅が可能だった理由《わけ》も、日本人のこうした神の認識と無縁ではないだろう。

時代に向き合う庶民の意識

近世に起こった七度におよぶ「おかげまいり」のうち、宝永二年（一七〇五年）、明和《めいわ》八年（一七七一年）、天保元年（一八三〇年）のそれを三大「おかげまいり」に数えるが、二〇〇万人から四〇〇万人台におよんだこれら「おかげまいり」の発生に

［日永の追分］東海道から伊勢への分岐点。ここより左が伊勢参宮道。伊勢神宮の二の鳥居があり、かつては茶店が並び参詣客でにぎわった。

は、およそ六十年の周期があった。

これを古代中国の殷《いん》代（紀元前十一世紀）に生まれた陰陽五行説《いんようごぎょうせつ》などによる十干、十二支を組み合わせた、年を数える伝統にしたがってとらえるならば、数え年の六十一歳が還暦《かんれき》という、自分の生まれた年の干支《かんし》にもどることから、六十年周期をもって発生した「おかげまいり」には、生まれかわり、新しい世の中の誕生が期待されていたことになるだろう。

さらに明和八年の四月ごろにはじまる「おかげまいり」は、山城宇治《やましろうじ》郡の茶山に働く女、子ども二、三十人のグループによって口火がきられ、近郊農村のあいだに広がっていった。

実質二〇〇万人が参詣したと記録されるこの年の「おかげまいり」は東海道周辺の人々のみならず、九州の小倉あたりまでの人々をまき込んだが、京都・大坂の都市部からは、当時の家内工業に従事した奉公人たちの参宮が多かった。

圧倒的多数を占めるこの庶民の参宮を、雇われ農民や奉公人層に秘められた信仰心や解放運動にだけつながる行動ととらえることはできないだろう。集団参詣は、そこに「抜け参り」を容認する状況があってはじめて可能なことはいうまでもない。しかも着のみ着のままに近い参詣者たちは、各地で食べもの、交通機関、わらじにおよぶ、組織的な施行をもって迎えられているのである。

［名物・なが餅」以前は日永の追分にあった笹井屋の創業は天文十九年（一五五〇年）。細長くのばした餅にあんを入れたなが餅は、伊勢参りの人々の腹を満たしたことだろう。

群参が通りすぎる道中筋の、参詣にかかわるあらゆる物資の欠乏と物価の高騰。しかもこうした状況に対応するかのような、豪商たちによる大がかりな施行。これがたとえ、こんにち見られるような巡礼者にたいする接待、ボランティア精神だけではなく、大資本による時代の動きに対する自己防衛的な判断によるものだとしても、ここには明らかな時代の変化が見てとれる。

すでに十八世紀の後期、米をはじめとする農産物は、広く商品経済の価値観のもとにあつかわれていた。農村にしても商工業界にしても、そこに働く人々の意識は、もはや一方的に雇われている籠《かご》の鳥のそれではない。世の中のベースを支えた民衆の、時代に向き合った意識の変化がなければ、その後訪れる、幕末から明治におよぶ激動の時代を迎えることは不可能だったのではないか。

神の意向と新奇の風流

もともと皇室の祖神を祀《まつ》り、律令制のもとで国家祭祀の対象として、すべての神社の中でも別格の位置づけにあった伊勢神宮には、長いあいだ天皇以外の奉幣《ほんへい》は厳しく禁じられていた。それが平安時代末期にいたって、王朝の財政が衰える中で、伊勢神職団（御師・おんし）による大神宮への援護要請という積極的な活動があって、それまでになかった豪族、武士たちによる参詣がいっきに加速する。そ

［鈴木薬局］当時の建物が残り少ない旧東海道・四日市周辺で、昔ながらのたたずまいを見せる鈴木薬局。当主は代々勘三郎を名乗り、この建物は六代目が嘉永五年（一八五二年）に京都から職人をよんで造らせたと伝えられる。

［神饌］神へのお供えもの（神饌）を参進する神職。供えられる食物は忌火屋殿（いみびやでん）で調理される。忌火とは清浄な火のこと。農耕的な祈願の対象であったことがうかがわれる。

して室町時代にいたって神明講《しんめいこう》（伊勢講）が組織化され、江戸時代にそれは全国的規模で広がっていったのである。ここに村々の鎮守神とは別格の、日本人にとっての精神のよりどころ、親神さまにも位置づけられる伊勢信仰が庶民のこころをとらえてゆくことになる。

イエズス会の宣教師として日本に滞在していたルイス・フロイスは天正十三年（一五八五年）付の書簡で、日本人は「伊勢に行かない者は人間の数に加えられぬと思っているかのようである」とさえ報告している。

伊勢詣では各地に拠点をもつ講を中心に行われてきたのだが「おかげまいり」や「抜け参り」は同じ伊勢参宮でありながら、その動機と道中そのものに意味があった。なぜなら「おふだふり」に触発された群参には、つねに内外宮《ないげくう》参詣の喜びより、在所をとび出し、奉公先を抜け出し、あるいは華美をつくして道中の新奇の風流そのものを楽しむ様子ばかりが伝えられているからである。

近世を通して、日本人の五人に一人は伊勢神宮へ向かったといわれるくらいに

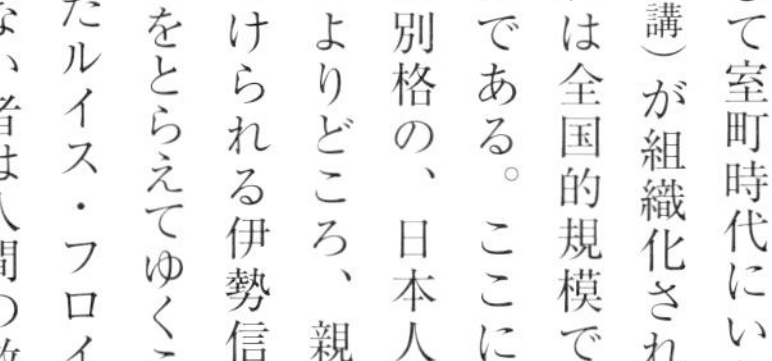

［伊勢参り］今も昔も変わらず、伊勢神宮を参拝する人は多い。みな、どこか晴れやかな顔をしている。

民衆を大量動員した「おかげまいり」は、少なくとも神話的な神詣でのそれではない。そこには伊勢参宮をキーワードとする「民衆の時代到来」という、ひそかな宣言がこめられていたかもしれないのだ。

はじめ庶民の伊勢参りには、天照大神を祭神とする内宮《ないくう》より、食物神を祭り、農耕的な祈願の対象ともなった外宮《げくう》・豊受《とようけ》大神宮への参詣に比重があった。しかし一方で、鎌倉時代に東大寺勧進職《かんじんしょく》だった重源《ちょうげん》や、西大寺を中興した真言律宗の叡尊《えいそん》などによる伊勢参宮があってから、仏法守護の大神宮としての伊勢が重視され、天照大神は「一切衆生《いっさいしゅじょう》の父母」といわれるくらいに、その信仰が民衆化してゆくのである。そして神仏習合の意識に促され伊勢に詣でる人は、内外宮とともに、奥の院としての金剛証寺《こんごうしょうじ》に詣でることを忘れなかった。

二十数年前、寺宝を拝観した折、天照大神の姿を墨絵にした軸に「日本国主天照大神宮也」と墨書されていたことをいまも忘れない。「神は時代の顔を見せる」と直感したのもこのときだった。

[初穂曳] 神嘗祭(かんなめさい)にそって行われる初穂曳(はつほびき)。その年収穫された米を神に捧げる神事。新穀を積んだ舟は参道から引き上げられ内宮の五丈殿まで行く。

江戸時代という封建制社会にあって、その実、町人が力をつけていた時代、経済活動は年々勢いを増しながら、東海道をはじめ各地の道路、飛脚等々、インフラが整備されてゆく。その中で、伊勢神宮はいち早く、新しい時代の担い手となる民衆に向かって、神異を宣伝しはじめたのである。

「おかげまいり」は、その神異に踊らされながら、時宜《じぎ》を得たように神の意向を逆手にとって風流をさえ楽しむ、民衆の一大パフォーマンスだったかもしれない。

富士信仰

はるか霊峰の頂へ

●久保田展弘・文 text by Nobuhiro Kubota

いにしえより人々は、富士に畏怖と憧れをいだいた。
神々しく聳え立つ山容は霊峰とよぶにふさわしい。
しかし幾度となく噴火を繰り返す荒ぶる山でもあった。
江戸中期、修験者・食行身禄《じきぎょうみろく》は
飢えに苦しむ民衆を救うべく富士に入定する。
その後、身禄の弟子たちは「講」という信仰集団を組織し、
人々を富士登拝へと誘った。
東海道を、甲州街道を霊威の山をめざして辿った講とは、
その信仰とは。

【一一四九年の富士山頂】

やがて武者《むさ》の世という、激動の時代をむかえようとする鳥羽《とば》法皇の院政期。十二世紀の半ばに富士山（三七七六メートル）に数百回も登り、山頂に大日堂を建てた行者がいた。

富士上人ともよばれた末代《まつだい》上人による富士山登頂は、平安時代末期に編まれた史書『本朝世紀《ほんちょうせいき》』の久安五年（一一四九年）四月十六日条に明らかである。

『万葉集』の「巻三・雑歌」には、聖武天皇の行幸にもお供をした歌人山部赤人《やまべのあかひと》

［金鳥居］富士吉田市の国道139号線と137号線の交差点にある。一の鳥居ともよばれ、北口本宮冨士浅間神社へと続き、富士登拝の出発点であった。天明八年（一七八八年）に建てられたが、数度再建されている。

の歌が見える。その歌の意は「天と地が分かれたときから神々しく、高く貴い駿河《するが》の国の富士の高嶺」と富士山をたたえたもので、「空を渡る太陽も、月の光も、その神山の霊威の前に見えないほど」とまで歌い、作者は「語り伝え、言い継いでゆこう、この富士の高嶺は」と絶讃をおしまない。

「田子の浦ゆ　うち出でて見れば　真白にぞ　富士の高嶺に　雪はふりける」という有名な反歌はこのあとにつづいている。そしてさらに雑歌の一首には、甲斐の国と駿河の国のまんなかに聳え立つ富士の高嶺が「燃える火を、雪をもって消し、降る雪を火で消しつづけ、言いようも、呼びようも、なんと呼んでよいかわからないほど霊妙にましします神の山であることか」とも歌われているのである。

作者はさらに、噴火によってできた湖や富士川について触れ「日本の鎮《しず》めとして、国の宝として生まれた山だろうか、駿河の国の、富士の高嶺は、見ても飽きることがない山だなあ」と、霊峰の凄まじいまでの活動を畏怖の念をもって眺めている。富士山は古代からその秀麗な山容を「神々しく」とたたえられながら、同時に噴火への畏れを忘れることはできず、絶えず鎮火が祈られてもきた。

神山は八世紀から十一世紀までの間に、十回前後もの爆発が記録されている。『日本書紀』に登場する木花咲耶姫《このはなさくやひめ》を山神として祀り、遥拝されてきた富士山だが、噴火をくりかえす神山への畏れから、古代の人々は鎮火を祈って祠堂《しどう》を設け、自然神は浅間大神の名でよばれるようになり、平安時代のはじめには名神の位階に列せられることになる。

毎年八月二十六、二十七日の両日、富士吉田市の北口本宮富士浅間神社とその門前町を舞台に、日本三大奇祭の一つにも数えられる「吉田の火祭」が行われる。いっさいの出入り口をふさいだ、猛火につつまれた無戸室《うつむろ》の中で皇子を出産したという木花咲耶姫の故事にもとづく祭は、富士山のかたちをした五基の神輿《みこし》が、浅間神社を威勢よく出発することでいよいよ盛りあがる。参道に沿った御師[注1]の

[注1] **御師（おし）** 御祈祷師の略。平安時代中期の寺院で用いられた言葉だが、次第に神社で祈祷を行う下級の祠官もそうよばれた。熊野修験の御師は朝廷や貴族の熊野参詣の折に便宜をはかった。伊勢や松尾、富士、白山などにもその例が見られる。後に御師と参詣者（檀那）の関係になると、財物をもたらす檀那を一種の財産と考えるようになり、それぞれの御師が関係を結ぶ檀那の相続や譲渡、売買が行われるようになる。近世末から御師は宿泊や参詣の便をはかる宿坊的性格を強めていった。

家々の前に立ち並ぶ、高さ三～四メートル、直径八十センチもの大松明《たいまつ》に火が入り、およそ二キロにおよぶ一帯はこの御神火によって火の海となる。

夏の終わりを惜しむかのような火祭が人々の顔を赤く照らし、この夜、木花咲耶姫は火防《ひぶせ》や安産、産業の守護神として、神話の世界から蘇《よみがえ》る。そしていっさいの不浄を焼きつくし、いのちの蘇りが適うとされる御神火こそ、地球のマグマを秘めた霊峰富士のエネルギーの象徴であろう。

一一四九年の、末代上人による登頂と大日堂建立の記録は、万葉歌人が畏怖の念と讃仰のまなざしをもって眺めてきた富士山が、遥拝される山の時代から、山頂をめざして修行を重ねる修験の山の時代に大きく変わったことを示している。

だが富士山には、末代上人の登頂より二八〇年余も昔に登った人がいた。京都の文人・都良香《みやこのよしか》による貞観《じょうがん》六年（八六四年）の大爆発後の記録『富士山記』には、朝廷から派遣されたと思われる使者が目のあたりにした、山頂中央の噴火口がぐらぐらと煮えたぎり神池のごとくであるという生々しい報告がうつされている。

【東海道から西へ広がる信仰圏】

そしてこの記録がそうであるように、富士山は長いあいだ「駿河の国（静岡県）の富士」としてとらえられていた。しかも、いつ爆発するかもしれない霊威の力を秘めた山として受けとめられていたのである。末代上人が山頂に建てた祠堂が大日堂であったという記録が語るように、神山の山上における修行は、密教や道教思想による影響が強い。

富士修験の先駆者といえる末代上人は、のちに鳥羽法皇の帰依《きえ》をうけ、宮廷人による大般若経の書写を、富士山頂に埋納していた。すでにこのころ、富士山は神山であると同時に、その山神は密教の大日如来という本地仏[注2]としても拝されていたのである。富士宮市の村山に拠点をさだめ、富士信仰を広めながら庶民救済に尽くした末代上人は、富士川に近い、東海道の要所であった駿河の岩本にある実相寺を開いた智印《ちいん》上人の弟子であった。この智印が、鳥羽法皇の帰依僧だったのだ。

実相寺は末代上人から百余年後に、日蓮が『立正安国論』[注3]を著述するきっかけとなった、足かけ三年におよぶお籠もりの寺でもあるが、このころ富士信仰は、修験者だけが修行する山から、庶民みずからが登拝する「富士行《ぎょう》」の時代に入っていた。すでに末代上人は即身仏《そくしんぶつ》(ミイラ仏)となって「大棟梁権現《だいとうりょうごんげん》」とよばれる堂舎に祀られ、富士山の守護神とまでたたえられていたのである。

現在は富士宮市になる山麓の村山は、末代上人の流れをくむ富士修験道の表登山口になっていた。東海道の吉原宿あたりから富士宮市の富士山本宮浅間大社を

[注2] **本地仏(ほんじぶつ)**
天武朝以降、台頭する神道に対し、仏教側から神々を仏法守護の善神として位置づける考えが強まり、のちに神仏同体の本地垂迹説を生む。神は本地の仏が人々を救うために現れた(権現)と解釈され、神々それぞれに本地仏が組み合わされていった。伊勢大神や富士の浅間神社の本地仏は大日如来とされる。

[注3] **立正安国論(りっしょうあんこくろん)**
一二六〇年に成立した日蓮の論著。当時つづいた天変地異などの災いは、人々が法華経の正法に背いているからだと指摘し、念仏や禅、真言(密教)を邪法と断じた。これを禁止しなければ国内に戦乱が起こり、外国からの侵略が必ず起こると論じる。その後に蒙古襲来(文永・弘安の役)が起こった。

へて辿る道が、その旧登山道にあたる。富士山頂から出土した経筒に「承久《じようきゆう》」（一二一九年～一二二年）の年号が確認され、さらに土中にのこされた経巻から「末代聖人」の文字が発見されている。このことからも、この道を辿った末代上人による富士修験の確かな流れのあったことがわかるのである。

村山修験の名でもよばれる富士行は、十四世紀に入って修験者頼尊《らいそん》の登場を見、東海道を軸に、西へと広く信仰圏をのばしていった。天台宗寺門派の聖護院門跡（京都）を中心とする本山派修験[注4]による富士信仰は、この富士行の発展したもので、関西方面から多くの行人をまねくことになる。

【断食行者と庶民の富士登拝】

山の年齢が十万歳といわれ、およそ一万年前に現在の山容を見せるようになったという富士山には、紀元前三〇〇年ごろの孝安《こうあん》天皇九十二年庚申《かのえさる》の六月に、それまで厚い雲におおわれていた山が、忽然と晴れわたって姿をあらわしたという伝説があった。富士山示現の年が庚申であったことから、後世、六十年に一度めぐってくる庚申を「御縁年《ごえんねん》」としてむかえ、中腹までの女人登山が許されていたのである。

室町時代末期に描かれた「富士曼荼羅図」に見られる富士山には、伝説にいわ

［注4］**本山派修験**（ほんざんはしゅげん）平安後期、天台宗寺門派の園城寺の増誉（ぞうよ）が、熊野三山検校職（三山に関わる山伏を統括する地位）に任ぜられ、京都に聖護院を賜る。室町時代にここを本寺とする本山派とよばれる修験教団が成立し、各地の関係修験寺院などをたばねていった。

れる厚い雲のあいだから姿を見せた霊峰を思わせる雰囲気がある。ここには水《みず》垢離《ごり》をとって神山をめざす人々が描かれ、長い登拝路をたどって山頂に向かう白衣姿の行人のつらなりが見える。戦国時代に今川氏の庇護を受け、強い勢力をもった村山修験は東海道によって京都と結ばれてきたが、合戦がつづく動乱の時代、富士信仰にはすでに新しい動きが芽ばえていた。

永禄《えいろく》三年（一五六〇年）庚申の年、村山修験の勢力をはずれた山麓北口で修行していた、長崎生まれの長谷川角行《かくぎょう》は、古代の伝説的な修験者である役行者《えんのぎょうじゃ》の夢告をうけ、西麓の人穴《ひとあな》に入り、四寸五分（約十五センチ）角の材木の上に爪立ちする一〇〇〇日におよぶ荒行を遂げている。富士山に登拝し、諸国遍歴をへて江戸にもどり、奇病流行を呪術的祈祷によって救った角行は、死の一〇六歳まで人穴で修行を重ねたという。

角行は江戸時代の文化二年（一八〇五年）ごろ「江戸八百八講《はっぴゃくやこう》」といわれる隆盛をみた富士講の祖に位置づけられるが、彼の死の七十年後、享保《きょうほう》年間（一七一六年〜三六年）にいたって、食行身禄《じきぎょうみろく》と村上光清という二人の行

［食行身禄像（中央）］　食行身禄は寛文十一年（一六七一年）伊勢国一志郡に生まれた。庶民と共に喜怒哀楽を分かち合い、教え導くのが本当の済度と唱える。この像は天明八年（一七八八年）の銘のある厨子に安置されていた。富士吉田市歴史民俗博物館所蔵。撮影・筆者。

[御師宿の庭] 大国屋の庭には高田十三夜講をはじめ、いくつもの講の記念碑が立つ。左下に見えるせせらぎは忍野八海からの湧き水で、講中は富士登拝の前にこの水で身を清めたという。

者があらわれる。

江戸の葛籠《つづら》問屋の主人だった光清にたいし、伊勢の農家に生まれ、十三歳で江戸の商家に奉公にでた身禄は、終生、地道な定職をもちながら、貧しさにあまんじ「正直・慈悲」を説いていた。加持祈祷《かじきとう》を戒め、木仏や金仏・絵像にたよって祈ることを〝影願い〟といって戒めた身禄は、神仏に祈るのになんの対象物もいらない、どこででも神仏に直接願えばよいのだと〝直《じき》願い〟を説いた。

十七、八年前、私は東京新宿の早稲田にあった富士講「丸藤宮元講社《まるふじみやもとこうしゃ》」を訪ね、百数十回もの富士登拝を重ねている井田清重先達《せんだつ》にお話をうかがったことがあった。町工場を営む井田さんを囲む富士講の人々が、身禄を講祖としてその教えを

[大国屋] 元亀年間創業の歴史をもつ大国屋の十六代目当主田辺四郎さん。御師の宿ではそれぞれ受け入れる地域が決まっていた。大国屋は東京(江戸)の講中の宿で、神明講、宮元講、鉄砲洲講、高田十三夜講などが宿泊した。

伝え、白衣をまとい祈る姿が、現代の神話空間にも見えた。

享保十八年(一七三三年)一月、江戸に米騒動が起こり、飢えに苦しむ庶民が米問屋を襲う打ちこわし事件があった。民を飢えに追いやる政道を強く指弾した身禄は、一書をのこして富士山、吉田口七合五勺の烏帽子岩の窟に籠もり、一カ月におよぶ断食行を果たし死ぬ。「江戸八百八講」への広がりは、身禄の死後に弟子たちひとり一人が先達となって講を立てたことにはじまっている。

そして富士講はすべて山麓北口の富士吉田の御師に所属していた。しかもそれぞれの講先達にとって御師は、信仰の基本から修行におよんで手ほどきを受ける師匠であったのだ。先達に導かれ、富士登拝に向かう行人たちはこの御師宅を宿にするのだが、富士吉田では、いまも江戸時代の富士講隆盛をしのばせる、豪壮な構えをのこした御師の家

[北口本宮冨士浅間神社] 現在の本殿は元和元年(一六一五年)に再建されたもの。富士山の山開きは神社の鳥居の注連縄(しめなわ)を切ることからはじまる。

が見られる。

密教行者とも思える末代上人、そして神仏習合のシャーマニスティックな行者角行。富士信仰は、この二人の行者の活動によって大きく方向づけられるが、江戸時代後期から現代におよぶそれは、多分に神道色を強めている。

伊勢信仰布教の主役ともいえる御師（伊勢の場合は「おんし」）の活動にくらべ、旅行代理業的な役割より、信仰の指導者としての意味あいの強かった富士の御師たちだが、彼らは関東一円から関西にまでおよんで浅間神社の守護札を配り、その廻国はかなり木目《きめ》がこまかい。

札配りでめぐる村々は御師株として売買されることもあり、婿入りや嫁入りの際に御師株が持参されることもあった。信徒からの礼物をもって生活してはならないと説いた身禄だが、宗教はつねに時代の価値観のもとに翻弄され、変容を免れることはできない。そして変容を乗り越えて、なおつらぬかれているものこそが、人々を信仰に導いてゆくのだろう。

密教が力を与え、浄土信仰が人々を惹きつけ、道教の神仙思想が不尽や福慈の山名を生んだと考えられる富士信仰は、古代からの自然崇拝に根差した神道の息吹を受けながら、いくつもの変容を見せた。が、その本体はいっときの休みもない地球のマグマを秘めた富士山という自然であった。しかも山は、自然美の原型

［マネキ］富士講では講社名を印した布を主要な施設に掲げ自講をアピールした。富士吉田市歴史民俗博物館所蔵。

を見せながら、その美を信仰というこころの世界に結んでもきた。

　おそらく富士信仰にかぎらず、山に向き合う信仰には、たとえば東海道を辿り、木曽街道を辿り、いくつもの道を辿ってその自然のエネルギーに直《じか》に触れようとするプロセスにこそ意味があるにちがいない。

　インフラの整備が当然のことと思いがちなこの現代にあって、私たちは目の前に迫る、あるいは遥かに望む富士という山から、どんなメッセージを受けとめることができるだろうか。

第6章

お国訛りの東海道

江戸語の誕生

東海道を下った上方語

●久野マリ子・文 text by Mariko Kuno

私たちが現在、共通語として話している「ことば」
この「ことば」はいつからあったのだろうか。
一五九〇年、当時は東国方言を話す
地方都市でしかなかった江戸へ徳川家康は移封された。
やがて江戸幕府成立と共に東海道などを通じ
上方をはじめ日本各地から言語や文化が江戸へ流入する。
そして、東国方言から江戸語という
新たな共通語が生まれようとしていた。

【東海道を伝播することば】

お国訛《なま》りは国の手形といわれるように、日本は狭い国土のなかに豊富な方言のバリエーションを持っている。東海道は、日本語の大きな方言の東西対立線を横断して通じている。東海道の起点である江戸は古くは東国と呼ばれ、上方の京・大坂とはいろいろな点で対照的であった。

天正《てんしょう》十八年（一五九〇年）に徳川家康が江戸に移封《いほう》した頃、この地はわずか一〇〇戸余りの寒村であったとされる。しかし近年の研究では、太田道灌《どうかん》が江戸城を築

［江戸城］古くは平安期に江戸四郎重継がこの地に館を造ったことに始まる。現在の江戸城は寛永十四年（一六三六年）、三代将軍家光の時代に本丸が完成した。

城した長禄《ちょうろく》元年（一四五七年）頃より、江戸は物流の基点を押さえた水陸交通の要衝で、上方より文化人が往来する東国屈指の都市となっていたそうである。

そうはいっても、当時の江戸城は小規模で石垣もなかったという。慶長《けいちょう》八年（一六〇三年）二月、家康が江戸に幕府を開いた頃は、人口的にも経済的にも文化的にも、当時の先進地である上方に比べれば見劣りのする町であった。

江戸の人口をみると、明暦《めいれき》三年（一六五七年）に町人の人口は、推定二十八万人。江戸が人口の上で上方に匹敵するようになったのは、寛永《かんえい》年間（一六二四年～一六四四年）頃といわれている。他の日本の諸都市の人口は、京都が正徳《しょうとく》五年（一七一五年）に三十五万余、大坂が宝永《ほうえい》六年（一七〇九年）

に三十八万余。

江戸の町は、開府当初の大規模な江戸城普請《ふしん》、城下町の建設、参勤交代制度の確立などにより、人口集中を加速し、物資・金・情報が一極集中していく。このように大規模で急激な人口増加は、そこで話されていることばに大きな影響を与えずにはおかない。

江戸開府頃の江戸のことばは、周囲の関東地方の方言と共通する特徴を持つ一方言であったと思われる。そこへ三河のことばを話す徳川氏が一族を率いて移り住み、さらに上方をはじめ全国から多くの人が集まってくる。徳川幕藩体制の確立と繁栄によって、江戸語という周囲の関東方言とは違う共通語としてのことばが成立していくことは、容易に想像できるだろう。

幕府成立までの東国ことば

室町時代末期の日本へ、キリスト教の布教に来た宣教師が書いた文献がある。この中に、東西方言の違いが記されていて、宣教師は数個の欠点を訂正すれば、都のことばこそが諸地方人の学ぶべき正しい言語であると記している。

イエズス会の宣教師、J・ロドリゲスが書いた『日本大文典』[注1]（一六〇八年）には、標準的なことばとしての京都方言、それに対する関東方言、九州方言の差につい

[注1]『**日本大文典**』イエズス会宣教師ロドリゲスが慶長十三年（一六〇八年）に著した。日本語の文法をラテン語文法を基礎にポルトガル語で説く。この時代の日本語を記述した最大の著述。文法・発音の他に書きことば、各地の方言、書状の礼法なども詳しく記述する。引用文の日本語資料も豊富である。

て詳しく述べている。関東の方言については次のように記録している。

曰《いわ》く、三河から日本の涯《はて》に至るまで東の地方では、一般的に物言いが荒く、鋭く、しかも多くの音節を飲み込んで発音の省略が多い。その上、地方独特で粗野な語が多い。

曰く、「さ」を使う。たとえば、「都さ 上る」

曰く、都のシエ（xe）に対して、ささやくようにセ（se）と発音する。例えば、「世界」を「シェカイ」といわずに「セカイ」と言うので、関東の者は、とても有名である。

つまり、現在では「先生」を「シェンシェイ」と発音するのは、古めかしく訛っているように思われるが、室町を含むそれ以前には、「シェンシェイ」こそが標準的な都の発音であって、「センセイ」という発音は関東の方言だといっているのである。

やがてキリスト教の布教が禁止され、国語研究者にとって貴重な資料であったキリシタン資料は影を潜めることになる。それらの多くは、ポルトガル語式つづり方のローマ字で書いてあるので、仮名では書きわけられない微妙な特徴までもが分かるものであった。

外国人による日本語の記録には、日本の学者ではわざわざ記述しないことが書かれている。たとえば、敬語について着目し、命令する言い方について整理している。日本語の文法現象として珍しかったのであろうし、当時でも敬語への関心は高かったのかもしれない。

「上げる」を敬意の低い表現から高い順に並べると、次のようになる。
一、上げい、上げよ　二、上げさしめ
三、上げさい　四、上げさせませ
五、上げられい　六、お上げあれ
七、お上げあろう　八、上げさせられい
九、お上げなされい
十、お上げなされう
思ったより、現在の言い方に近いことがわかる。

当時「京へ筑紫《つくし》に坂東《ばんどう》さ」という有名なことわざがあった。ロドリゲスも『日本大文典』の中でふれているが、「どこそこへ行く」というときの「へ」を、京都では「へ」、筑紫では「に」、坂東では「さ」と言うというのである。これは、当時の人々の方言の違いが、京都と関東と九州の三つに分かれているという意識の現れといえよう。

江戸前期のことば

江戸前期のことばでは、六方詞[注2]・奴詞などが流行した。「〜だ」「〜べい」「申す」「ひんなぐる」「ふんづける」「ひっつける」「ぶったおれる」のような言い方で、荒々しい感じを伴う東国語的なものを基盤としている。

江戸初期の江戸ことばを記録した文献に、『雑兵《ぞうひょう》物語』がある。文中に明暦の大火の記事があることから、明暦三年（一六五七年）以降から天和《てんな》三年（一六八三年）の間に成立したと思われる。身分の低い足軽や中間たちが、戦場での自らの経験を日常の話しことばで説いた戦陣訓《せんじんくん》で、江戸末期まで書写を繰り返された人気の書物であった。

物語の中には、東国の大名に

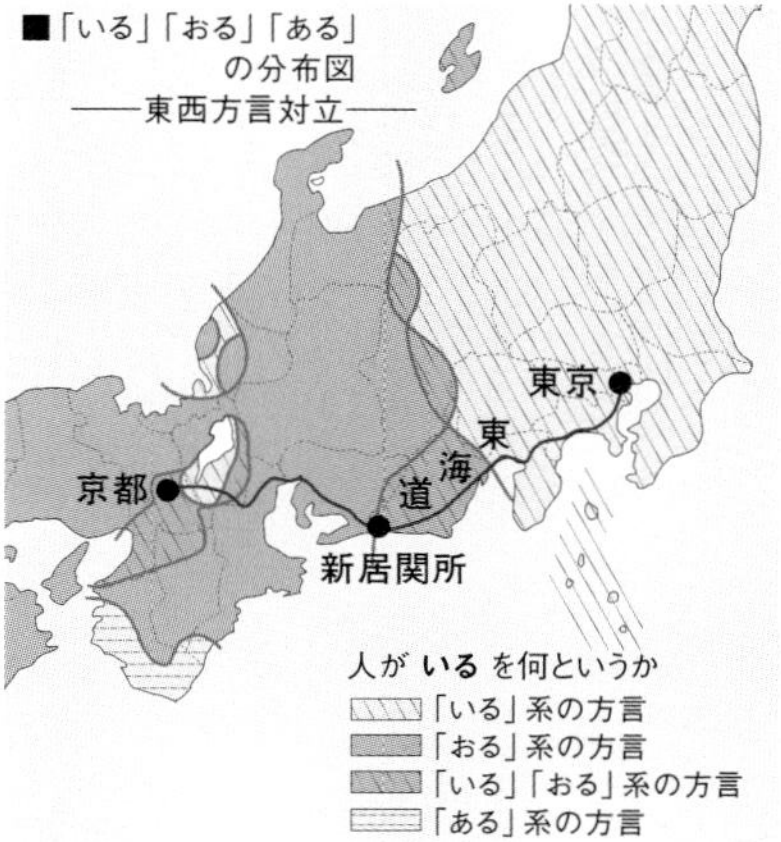

[「いる」「おる」「ある」の分布図]「人がいる」をどのようにいうかを調査し地図化したもの。概ね、新潟県の親不知から日本アルプスを経て、静岡県の浜名湖にかけて東西方言の境界線が認められる。『現代日本語方言大辞典』（明治書院）より部分転載。

[注2] **六方詞・奴詞**（ろっぽうことば・やっこことば）
江戸初期に江戸旗本や町奴などを中心に流行した言葉遣いで、俳諧や歌舞伎などにも取り入れられた。

[雑兵物語] 江戸初期に成立した戦場武備体験談を口語で記述した書。著者は高崎藩主松平信興とも。本書の中には雑兵たちの会話として「〜べい」が多く使われ、東国方言の特徴がよくあらわれている。國學院大學図書館所蔵。

仕える雑兵たちが登場する。当時流行した六方詞・奴詞で書いてあり、すでに二十八万人を超す大都市になっていた江戸初期の江戸のことばを知る資料として重要である。

　打ち消しの言い方が「〜ない」(当時の標準語である上方では「〜ぬ」)、意志や推量を示す「〜べい」、断定の言い方「〜だ」(上方では「〜じゃ」)のような表現をしている。

　また、当時文化的に優位であった上方語が混入した例として、東国の「(刀を)さした」にあたる「〜さいた」という使い方が見える。東国語としては、「勝負がはじまらない先から」のような「はじまらない」、「腰にひっぱさんだがよかんべい」のように「ひっぱさむ」、「よかんべい」などを使っている。

　上方の影響として「ぶりくりまわすさかいで」の「ぶりくりまわす(振り回す)」、「さかいで」などがあげられる。「〜さかい」は関西の言い方として有名であった。

　またある特定の社会に限られて用いられたことばが記録されたものもある。時代は下るが、越後の文人鈴木牧之《ぼくし》の有名な労作『北越雪譜《ほくえつせっぷ》』は忌詞《いみことば》としての山ことばを記録している。猟師や木こりなどが、ある語を忌みはばかり、別の語句を用いたもので、例をあげると、

「米→草の実、味噌→つぶら、塩→かへなめ、焼き飯→ざわう、天気がいい→たかがいい、風→そよ」等である。このような地方独自の文化が育ち、表面には現れにくい方言が、各地で多様に発達していったのも江戸時代の特徴である。

江戸ことばの成立へ

江戸初期の優れた文学作品は、みな上方のことばで書かれている。歌舞伎・浄瑠璃の脚本作家の近松門左衛門は京の住人であるし、浮世草子作家の井原西鶴は大坂の住人で、二人とも上方の人である。江戸も後期になると江戸語の文化的地位も向上し、江戸語で書かれる作品も多いが、江戸前期の江戸語の口語資料は目に触れることは少ない。そこで、江戸初期の話しことばの様子をしのばせる文献をみてみよう。

江戸時代のはじめに書かれた書物に『醒睡笑《せいすいしょう》』という咄本《はなしぼん》がある。元和《げんな》九年（一六二三年）成立のこの本は、安楽庵策傳《あんらくあんさくでん》が子供の頃からの笑い話をまとめて、京都所司代の板倉重宗《しげむね》に呈上したものとされている。これは笑い話としても面白いが、

［新居の関］慶長五年（一六〇〇年）に設置され、箱根とならぶ厳しい関所であった。津波や地震などで三度移転し、現在の建物は安政二年（一八五五年）に建てられた。全国で唯一当時の姿のままで現存する関所建造物。陸地を分かつ今切口とこの関所の存在が、東西方言の対立を示す境界線を保つのに役立ったと思われる。

［浜名橋跡付近］新居の関より東海道を白須賀方面に上った浜名川に、平安時代に架かっていたという浜名橋。貞観四年（八六二年）に修造され長さは約一七〇メートルあったという。『枕草子』にもその名が見られる他、多くの歌にも詠まれている。

室町から江戸時代に移る過渡期の話しことばを知る好資料でもある。その中に東国の人が上方ことばを中途半端に覚え、真似ようとして失敗する話がある。

　東国から都に上った男がいた。都の古寺の院主が「お茶を紅葉《こうよう》にたてよ」と言うのを聞いて、あか抜けしたしゃれた言い回しだと感心する。早速、国に帰って言ってはみたものの、上方ことばの「濃《こ》う良《よ》う」と言うべきところを、東国方言で「濃《こ》く良《よ》くたて申せということだ」と説明してしまい、しゃれが成立しなかった。「もみじ」の「紅葉《こうよう》」と「濃《こ》う良《よ》う」が掛け詞になっていることが前提になって、この笑い話は成立する（巻五「人はそだち」）。

この他、東国で都の若い商人が宿の仲居と恋に落ちた話がでてくる。男は三味線をよく弾き、別れる時に形見に三味線を与えた。その時女が別れを惜しんで詠んだ歌。「かたみとて緒つけの板（三味線）をばサッくれて、今朝《けさ》行くべイかあぢきなの身や」（巻六「悋気」）。

江戸初期の東国のことばが、当時世間一般にどのように評価されていたかをうかがわせて面白い。江戸ことばが成立したのは十七世紀末から十八世紀中頃といわれている。貞享《じょうきょう》四年（一六八七年）に出された『正直咄大鑑』には「江戸ことば」という語が見られ、下って宝暦二年（一七五二年）の談義本『当世下手談義《いまようへただんぎ》』ではすでに江戸ことばに近い言い回しで書かれている。

関東の小さな地方都市にすぎなかった江戸は、東海道を通じて上方からことばや人や習俗が流れ込み、首都機能をもつ巨大都市を形成するに至る。参勤交代制度の確立により日本各地からも文化を運び、江戸は独自の江戸語を持つ都市へと変貌を遂げていった。やがて、江戸文化と江戸っ子気質が育まれ、山東京伝《さんとうきょうでん》、曲《きょく》亭馬琴《ていばきん》、十返舎一九《じっぺんしゃいっく》など優れた戯作者を産み出す。

ちなみに十返舎一九は駿府の生まれで、大坂で浄瑠璃作者となり、その後江戸へ出て『東海道中膝栗毛』を書く。江戸語の成立と変貌の過程を身をもって体験した人生ではなかっただろうか。

江戸語の成立

上方語から江戸語へ

●久野マリ子・文 text by Mariko Kuno

かつて、
東国方言を話す地方都市でしかなかった江戸。
開府から二〇〇年を経て、
江戸は独自の気質と言語を持つに至り
ことばのスタンダードは上方から江戸へと移った。
そして太平の眠りを覚ます黒船が来航し、
新たなことばが生まれようとしていた。

【江戸の人々】

政治の中心が江戸に移り、江戸語としての体裁が整うのは、宝暦《ほうれき》の頃。文化《ぶんか》（一八〇四年〜一八一七年）・文政《ぶんせい》（一八一八年〜一八二九年）、さらに天保《てんぽう》（一八三〇年〜）以後に至ると江戸語は独自の体系を整えるようになり、上方語に肩を並べるようになる。

まず、江戸の町について状況をみよう。

急速に増加を見せた江戸の人口は、最高時が天保十四年（一八四三年）で、町人の人

[横浜ベイブリッジ] いつの時代も文化は海を渡ってやって来る。黒船が浦賀沖に来航し横浜では日米和親条約が結ばれ、新たなことばと文化が萌芽した。

口五十八万七〇〇〇余を数えるが、その後は頭打ちになる。この町人の数にほぼ同数と考えられる武士の数を加えると、江戸は一〇〇万人を超えてから、それほど人口増加はしていないことになる。幕府がたびたび[注1]「人返しの令」を出したこともあり、江戸の町の拡充もその時期に止まる。

ちなみに江戸初期には、大がかりな普請もあって、圧倒的に男性の数が多く、そのため貧しい男性は結婚難だったという。しかし江戸末期には男女差は接近し、人口増加も町並みの拡大も落ち着きを見せる。ということは、安定した社会と人間関係が形成され、独自の江戸文化が熟成されることになるだろう。

江戸は当初から「諸国の掃き溜め」と

[注1]「**人返しの令**」
天保十二年~十四年(一八四一年~一八四三年)にかけて、老中水野忠邦が行った天保の改革の一つ。贅沢の禁止や風紀の粛正などと共に、江戸に流入した農民を帰農させ農村の再生を図った強制的帰農策。

言われ、江戸以外の出身者の割合は、江戸中期以降でも、ほぼ二十四パーセント。四人に一人は江戸以外の出身であった。これは江戸という都市の特徴で、ことばの上でも、誰にでも分かる共通語が生まれる条件があったといえよう。

江戸に住んでいたのは次のような人々であった。武士では、幕府の役人、旗本、御家人、参勤交代で江戸と国元を行き来する諸国の大名やそれに随行する家臣、江戸の留守宅を預かる留守居役《るすいやく》。それに町人がいた。厳密に分類すれば、「町人」と呼ばれるのは、表通りに家を構えて商売をしている人たちと、貸家の管理をしている大家のことをいう。お店の借家人や裏長屋に住んでいる人々は町人ではなく、店借《たなが》りと呼ばれていたのである。

江戸の初期こそ町人は武士に従属した生活をしていたが、十八世紀以降になると町人が武士の生活を実質的に左右するようになる。とりわけ江戸庶民のなかでも、町人と、それ以外の店借りの人々との二極化が進む。

【ことばのインフラ東海道】

江戸というと、山の手と下町という二つの文化が語られ、下町といえば町人文化が思い浮かぶ。当時の江戸の特徴は、東海道などの整備された街道を中心として、その文化を地方へ普及させていったことにある。日本中から人が集まったが、特に関八州《かんはっしゅう》と江戸の間に人の行き来がさかんであった。江戸の下町ことばは、関八州を中心に移り住んだ人々によって拡充していったと考えられるから、下町ことばの基層に関東方言の特徴が横たわっていたとしてもおかしくないだろう。

江戸っ子の特徴は、蓄財の観念に乏しく「宵越しの金は持たず」とか、「江戸っ子は五月《さつき》の鯉の吹き流し」というようなさっぱりした気性などがあげられるが、無理をしても「初鰹」を買うような、粋でいなせな江戸っ子を気取る人々には、町人というより店借りの人々が多かったといわれている。

さて、ことばについて見てみよう。

この頃になると各地の方言を編集した本が出版される。安永《あんえい》四年（一七七五年）に越谷の住人で俳人の越谷吾山《こしがやござん》が、日本全国の方言を集めて編集した方言辞書、『諸国方言物類称呼《ぶつるいしょうこ》』がある。おそらく日本初・最大の全国方言集で、項目数は約五〇〇〇、方言語形は約四〇〇〇語にのぼる。全国の方言を天地・人倫・動物・生殖・器用・衣食・言語の七つに分けて解説している。後の『東海道中膝栗毛』などにも影響を与えたと言われる書物で例を示そう。

動物の項目に「川童《がわたろう》」があるのもご愛敬だが、次のようにある。

畿内《きない》、九州にて、「ガワタロウ」又は「川ノトノ」又は「カッパ」と呼ぶ。九州に多し。とりわけ筑後の柳川に最も多し。周防《すおう》、石見《いわみ》、四国にて、「エンコウ」という。東国に「カッパ」という。川わっぱの縮語。越中にて「ガワラ」という。伊勢の白子にて「カワラ小僧」という。その形、四、五歳ばかりの童のようで、頭の毛は赤く、天辺に皿がある。水があるときは力が強い。相撲が好きで人を水の中に引き入れようとする。その災いを避けるには猿を飼うとよいという。九州では川を渡るとき「古《いにしえ》の約束せしを忘るなよ、川だち男氏は菅原」と詠《うた》うと難を逃れると言い伝えられている。

この他、『物類称呼』には、「煙管《きせる》」とか「煙草入れ」、「釜」の項目があり、簡単なさし絵が描かれこのような形のものを江戸では「カマ」と言うが、畿内や西国では「ハガマ」と言い、関西で「ハガマ」の小さいものを「茶ガマ」という、など語形だけでなく、詳しい説明がついていて、読み物としても楽しい。

江戸と上方の対抗意識

江戸っ子の上方に対する対抗意識と負けん気の強さは、コンプレックスの裏返しともとれ、ともすれば見栄っ張りと裏表の関係にあったようである。

文化六年〜十年（一八〇九年〜一八一三年）にかけて成立した式亭三馬《しきていさんば》の『浮世風呂《うきよぶろ》』という滑稽本がある。江戸町人のいろいろな階層の人が多数登場して、生き生きとした会話を展開している。作者は登場人物の会話に日本各地の方言の特徴を描

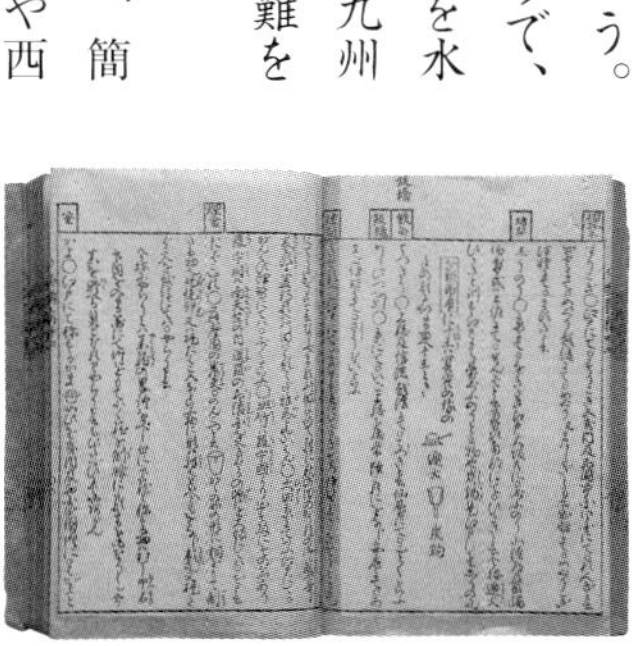

〔諸国方言物類称呼〕この本には大坂屋本と須原屋本があり、大坂屋本が初印本と思われる。左ページ最終行に釜の図が見られる。國學院大學図書館所蔵。

きわけている。有名な上方と江戸の女の会話を紹介しよう。

上方女「お山さん（注・江戸の女のこと）、エロウ寒いな。あれ見イ（ご覧）。お家《え》さんの傍《ねき》に立ってイナマス（いらっしゃる）イトさん（娘さん）を見イナ（ご覧よ）。アナイナ（あんな）着物《きりもの》が欲しいわえ。お山さん。あっちゃ、向きんか（あちらをお向きなさいよ）」

お山「ながしておくれか。それはお憚《はばか》りだね（背中を流して下さるのか、それは恐れ入ります）」

江戸ことばも上方ことばもいささか古風であるが、現在の言い方とあまり差がない。この後、「関東べい」[注2]、「上方ぜいろく」と相手の出身地を貶《おとし》めて自国を自慢する話が展開する。

上方女は、江戸の「関東べい」は「お慮外《りょがい》」を「おりよげえ」、「言いぞこない」を「言いぞこねえ」、「百人一首」を「ひゃくにんし」と訛っているなどと指摘する。

[浅草寺宝蔵門]

[注2]**「関東べい」、「上方ぜいろく」**　関東訛りの話しことばが文末に「べい」をつけるところから「関東べい」という。上方の人間が関東をあざけって言う語。「上方ぜいろく」は、江戸の人間が上方の人間を卑しめて言うことば。才六（さいろく）が訛ったもの。式亭三馬の『浮世風呂』、歌舞伎に用例が見られる。

［アメリカ領事館跡］横浜開港当初、アメリカ領事館はハリスの希望で本覚寺に置かれていた。本覚寺は栄西により創建されたという。生麦事件で負傷したイギリス人が逃げ込んだのもこの寺。開国に向けて数々のドラマが起こった。

それに対してお山は、「上方ぜいろく」は「叱る」を「ひかる」、「狐」を「ケツネ」、「利口」を「ジコウ」と訛っている。さらにまた、江戸語の「〜だから」の「から」は、百人一首の文屋康秀《ふんやのやすひで》の古歌に「……吹くからに」とあるほど由緒正しい言い方であるとか、「行くべい、帰るべい」は「行くべし、帰るべし」という万葉集にもある言い方だとか、立て板に水とまくしたてて弁明をする。ついに上方女も言いまかされて「なるほど。そう聞きゃ、お前のが、ほんまに尤もらしい」と言わされてしまう。

江戸語の方が優れている理由に、上方語で書かれた古典や古歌を引用するのもおかしな話であるが、江戸っ子の心理が読みとれる。現在でも東京で「ヒ」と「シ」が紛れることは知られているが、関西で「シ」を「ヒ」と言うことや、ラ行とダ行とザ行が紛れることまで指摘しているのには驚く。

黒船来航から明治へ

慶応《けいおう》四年七月十七日（一八六八年九月三日）、新政府は江戸を東京と呼び名を改め、同年の九月八日には元号も明治とした。

幕末期の御家人ことばの資料として、勝海舟の父である勝小吉の『夢酔独言《むすいどくげん》』天保十四年（一八四三年）がある。武家階級の日常語の好資料で、深川生まれの勝小吉は、屈指の剣客であったが、同時に不良旗本・放蕩児、浅草や吉原の顔役でもあった。

「俺のようの（な）子供ができたらば、なかなか此の（今の自分のような）楽は出来まいと思う。是も不思議だ。……孫や其子はよくよく義邦（海舟）の通りにして、子々孫々の栄えるように心がけるがいいぜ」

と、前書きにあるように子孫への戒めを記している。さて内容の一部を示せば、十四歳にして家出。東海道を上って上方へ行こうとする。品川までは何とか行ったがその後心細くなり、藤沢で二人の大人にあう。彼らに箱根の関所の手形を手に入れてもらい、無事に関所を越えて、浜松に至るが、それが「ごまの蝿」で油断したとたんに身ぐるみすべてを持ち逃げされたというもの。波瀾に富んだ人生がてらいのない文章で綴られ、現在の口語に近いことがわかる。

そして『夢酔独言』から十年後、黒船の出現は日本を開国へと急速に促した。

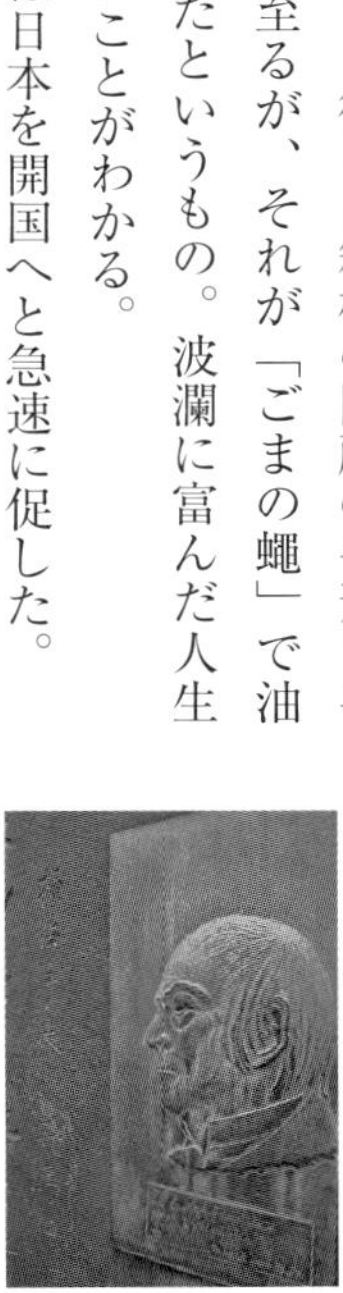

［ヘボン博士の碑］アメリカ・ペンシルバニアで生まれたヘボンは安政六年（一八五九年）医師として来日した。医療活動のほか日本の教育界に多大な影響を残した。『和英語林集成』（一八六七年）や日本初の和約聖書を完成させる。アメリカ人宣教師S・ブラウンと共に神奈川の成仏寺で起居した。近くの宗興寺にはヘボンの施療所があった。

来日する外国人たちに日本語の会話教科書が必要となるが、そのときの標準語は、もちろん江戸語である。幕末期の日本語の会話教科書はいくつもある。例えば、アメリカ人の宣教師S・ブラウンが書いた『日本語会話』文久三年(一八六三年)は、文法や発音に関して詳しい記述があり、会話文に丁寧な敬語体と普通体の言い方とが出ている。やはり、敬語の使い分けは必要であったのだろう。

Watak'sh kesa yoake mae ni oki ma sh'ta
ワタクシ　今朝　夜明ケ前エニ　起キマシタ
Washi wa kesa kurai uchini okita
ワシハ　今朝　暗イウチニ　起キタ

また、イギリス人の外交官アーネスト・サトウによる、『会話篇』明治六年(一八七三年)も有名である。イギリス人外交官のための江戸語(東京方言)の手引き書である。アーネスト・サトウは三十三年間も日本に滞在して日本人の妻を迎えた人らしく、日本文化に造詣が深く、武家・知識人階級のことばに重点が置かれ、滑稽本や人情本に見られる会話表現も取り入れている。

サトウは、江戸在住の武士たちの協力で練習問題も作成したが、これは幕末の江戸語・東京語を知る有力な資料である。文末の「〜デス」のウの母音が聞こえないという東京方言の特徴を示すdes(です)や、「ヒ」と「シ」の混同を示す「人」

[玉楠の木] 横浜開港資料館の中庭にある玉楠の木。安政元年（一八五四年）の日米和親条約締結はこの木の近くで行われた。日本開国の歴史を見守ってきたが、関東大震災で焼失。しかし残った根から新たに芽吹き現在に至っている。

をshito、「一月《ひとつき》」をshitotsukiや、「在宿《ざいしゆく》」をzaisikuと表現したり、「とほうもねい」「いっぱつやらかす」など、訛音《かおん》・俗語の例も見られる。

江戸初期に、イエズス会宣教師、J・ロドリゲスが書いた『日本大文典』には、日本の標準的なことばとして上方語をあげていたが、それが幕末には日本語教科書の標準語は江戸語へと変貌した。

時代が変わり、明治という元号も、当初、江戸っ子は面白くなかったようで「上からは明治などというけれど、オサマル（治）メイ（明）と下からは読む」などという狂歌を詠んでいる。上方に対する江戸の強烈な対抗意識は明治に受け継がれるが、それも大正、昭和になるにつれて薄れていく。

それは、もはや江戸・東京語が上方語に対抗意識を持つ必要がないほど実力をつけ、自他共にスタンダード日本語として認められるようになったからではないだろうか。

日本語の未来

東京語から共通語へ

●久野マリ子・文 text by Mariko Kuno

江戸時代、幕府の置かれた江戸市中には
諸国から人々が集まった。
誰もが分かることばが必要となり
方言色を薄めた独自の江戸語を確立していく。
しかし、そのことばには東海道を通じて伝播した
上方語の影響が色濃く残っていた。
やがて時代は明治へと変わり、東京語となった。
そして、東京語は、各地の方言を取り込み
今も、ことばの未来へ向かって走り続けている。

【東海道が育《はぐく》む東京語】

徳川家康の入府（一五九〇年）当時、日本の標準語は上方語であり、江戸は東国方言を話す一地方でしかなかった。江戸も天保《てんぽう》（一八三〇年〜）以降になるとようやく江戸っ子気質、江戸ことばなど独自の文化が育つようになる。やがて明治をむかえ、江戸は東京と改められ江戸語も東京語となる。上方語へのコンプレックスもだんだん希薄になり、言葉のスタンダードは東京語へと移行していく。しかし、そこには数々の上方語の影響が見られるのもまた事実である。

そもそも江戸語には、周囲の関東方言とは異なる特徴があった。江戸は東海道を始め、諸国から人や物が集まり、自然と誰にでも理解しやすい方言色の薄いことばが育っていた。そのため、関東方言色の濃い表現や語彙《ごい》、訛《なまり》は淘汰《とうた》され、江戸語はあか抜けた共通語[注1]になるために、上方語を多く取り入れている。上方語が採用された例をしめそう。例えば、「ありがとうございます」、「おめでとうございます」、「知りません」という言い方は、現在では東京語の言い方である。しかし、これは江戸語を中心とする関東方言とは少し異なる。江戸語の規則に合わせるならば、「ありがたくございます」、「おめでたくございます」、「知りまシナイ」となってしまう。

もともと江戸語では、形容詞に丁寧な言い方「～ございます」や、打ち消しに丁寧な言い方「～ます」が接続しなかったためにおこったことで、江戸語の基盤となった関東方言では敬語の形式がそれほど複雑ではなかった。それで、敬語の発達している上方語から敬語形式を借用して取り入れたというわけである。もっとも、最近の若者の間では、「子供みたく、泣いた」のような言い方がふえている。「～みたい」が形容詞と似た形をしているので、形容詞のような活用に類推した表現で、「違《ちが》カッタ」「良《い》クナイ」などとともに、北関東やその周辺の言い方が東京語に入ってきた例といわれているが、規則性を好む共通語の特徴とも考えられる。

[注1] **共通語**
いくつかの言語や地理的方言をもつ言語社会に、その全域に通用する言語や方言のこと。明治政府は、標準語の制定について、国語調査委員会をおき、全国調査を実施し『音韻分布図・音韻調査報告』『口語法調査報告書・口語法分布図』を作成した。明治30年代以降、山の手ことばを中心とした口語文法が国定教科書に取り入れられ、一般にはこれが標準語と考えられるようになる。その時の標準語が強制的に押しつけられたので、その反省から戦後「共通語」という語が用いられるようになった。

また、伝統的な江戸語ではなく、上方語から取り入れられた語がある。「明日」「明後日」の次の日を何と言うか。共通語では「しあさって」である。ところが、初め江戸語では、寛政《かんせい》二年（一七九〇年）の黄表紙、『京伝憂世之酔醒《きょうでんうきよのよいざめ》』には、

あすはゆうきの牛蒡、あさってはのろまの玉子、
やのあさってはありがた山の山の芋

とあるように、「あさって」の次は「やのあさって」であった。今でも関東や東日本では、「やのあさって」と言う人が多い。これに対し、関西では「しあさって」が一般的である。ところが、東京都区内では「しあさって」と言う人が多く、「やのあさって」が優勢な関東の中で、東京の「しあさって」が孤立して、まるで言語の島のように浮かんでいる。

この語は、江戸語が上方語から「しあさって」を取り入れた例として有名で、東海道が物資の運搬だけでなく、言語も伝達したことが顕著にわかる。

さらに「明々後日」の次の日を何というかと質問すると、東京都区内では「やのあさって」、多摩地域を含む東京周辺では「しあさって」が多い。上方から「あさって（明後日）の次の日（明々後日）」をあらわす語として「しあさって」が入って

［メガロポリス］いまだ膨張を続ける首都東京。ことばも全国各地の方言を取り込み、変容し続けている。

［京都西陣の家］上京区紋屋町にある三上家の一角。代々西陣の織り元であった三上家では、職人を住まわせるために この家を造った。西陣の織り手には京の商家とは異なる職人ことばが残っている。

きたとき、本来の方言の言い方を変えた江戸語と、本来の言い方を変えずに、「明々後日の次の日」に「しあさって」を取り入れた江戸周辺の地域があり、新しくてしゃれた地域から入ってきた、最新流行語を、どのように自分たちのことばに取り入れていったかがわかる。

上方語では、あした（明日）→あさって（明後日）→しあさって（明々後日）→ごあさって（明々後日の次の日）

江戸語では、あした（明日）→あさって（明後日）→しあさって（明々後日）→やのあ

さって（明々後日の次の日）

江戸周辺では、あした（明日）↓あさって（明後日）↓やのあさって（明々後日）↓しあさって（明々後日の次の日）

このほか、江戸語や関東方言ではなく、共通語として上方語が取り入れられた例としては次のようなことばがある。

氷柱　共通語では「つらら」、関東では「あめんぼう」

梅雨　共通語では「つゆ」、関東では「にゅうばい」

恐ろしい　共通語では「おそろしい」「こわい」、関東では「おっかない」

大きい　共通語では「おおきい」、関東では「でっかい」

【伝統的な江戸語・東京語の衰退と共通語の発達】

伝統的な江戸語・東京語衰退の理由はいくつかある。まず、大政奉還により徳川氏が駿府へ帰ることによって、江戸の人口が激減する。それはとりもなおさず、江戸語の話し手が少なくなるということである。

そして江戸語の話し手が減るような事件が次々とおこる。関東大震災、東京大空襲。学童疎開もことばに影響があったという。さらにバブル期の地価高騰が、伝統的な東京語を話す人たちを東京の中心地から周辺へ押しやってしまった。

[西陣織]　西陣の織物用語は非常に多彩。現在でもこれらのことばを使って複雑な行程の仕事が行われている。

東京語は、日本語の中で最も早く方言から共通語へ変化したことばといえる。限られた狭い地域で、よく知っている人が住んでいる共同社会では言語は耳を通じて継承される。つまり聞いて覚え、どう書くかは後になって覚えるのである。

方言というのは、そのようにして受け継がれていく。「赤とんぼ」という童謡の「夕焼け小やけの赤とんぼ」のアクセントは東京語本来のアクセントを反映している。「赤とんぼ」はアが高いのが本来の東京語のアクセントであった。ところが山田耕筰が東京語のアクセントを残すように苦労して作曲したのにもかかわらず、現在、東京出身者で歌のように発音する人はいない。

伝統的なことば（ここでは江戸語）を耳から聞いて覚える機会がなくなると、ことばは規則的な法則に合わせるようになる。方言は音声で受け継がれるので、いったん消えてしまうと復元することは困難である。

現在、東京には三代以上続いた江戸っ子は少なく、住んでいる人の多くはよそからやってきた人たちである。しかし、次世代の子供は東京で生まれ育ったから、子供自身は東京語を話していると思っている。東京に移ってきた親の世代は自分の生まれた地域の方言と東京語の違いはわかっているが、子供を育てるときに使うことばは、学習した共通語なのである。

そのため子供も聞いて覚えるのは共通語であるから、伝統的方言が持っている

［東京原宿・竹下通り］わずか数百メートルの路地に全国から若者が集まる。東京語は、このような場所で話される全国各地の方言をも取り込んでいく。

微妙な言い回しや、公の場で言えない悪態、罵詈雑言《ばりぞうごん》は、欠落しがちである。「おたんこなす」「唐変木《とうへんぼく》」「すっとこどっこい」のような小気味よい伝統的東京語の啖呵《たんか》や悪態は、共通語では使いこなすのは難しいであろう。

そして、昭和三十年代の高度成長期をむかえ、東京の人口増加は伝統的な東京語をいっそう共通語へと変化させていく。

『東京都言語地図』によれば、「百人一首」を「ひゃくにんし」と言う人は若年層ではもういない。「宿題」を「しくだい」、「新宿」を「しんじく」と言う人も減った。「赤い」を「あけー」と言う人も、「渋谷《しぶや》」と「日比谷《ひびや》」を混同する人も減った。このような面でも、東京語は共通語化している。昭和二十年代頃の漫画「サザエさん」にも、「カツオ、しくだい　やった」という台詞が登場している。

「宿題」「新宿」「赤い」「潮干狩り」の発音がうまくできない現象は伝統的な江戸・東京語の特徴の一つであった。

上方語の現在

今では上方語ということばもあまり聞かれなくなった。京都弁、大阪弁と言い表されるように、現在の上方語にはかつての標準語としての栄光はない。しかし、面白いことに、京都方言や大阪方言に対する意識は今でも「丁寧」「きれい」「お

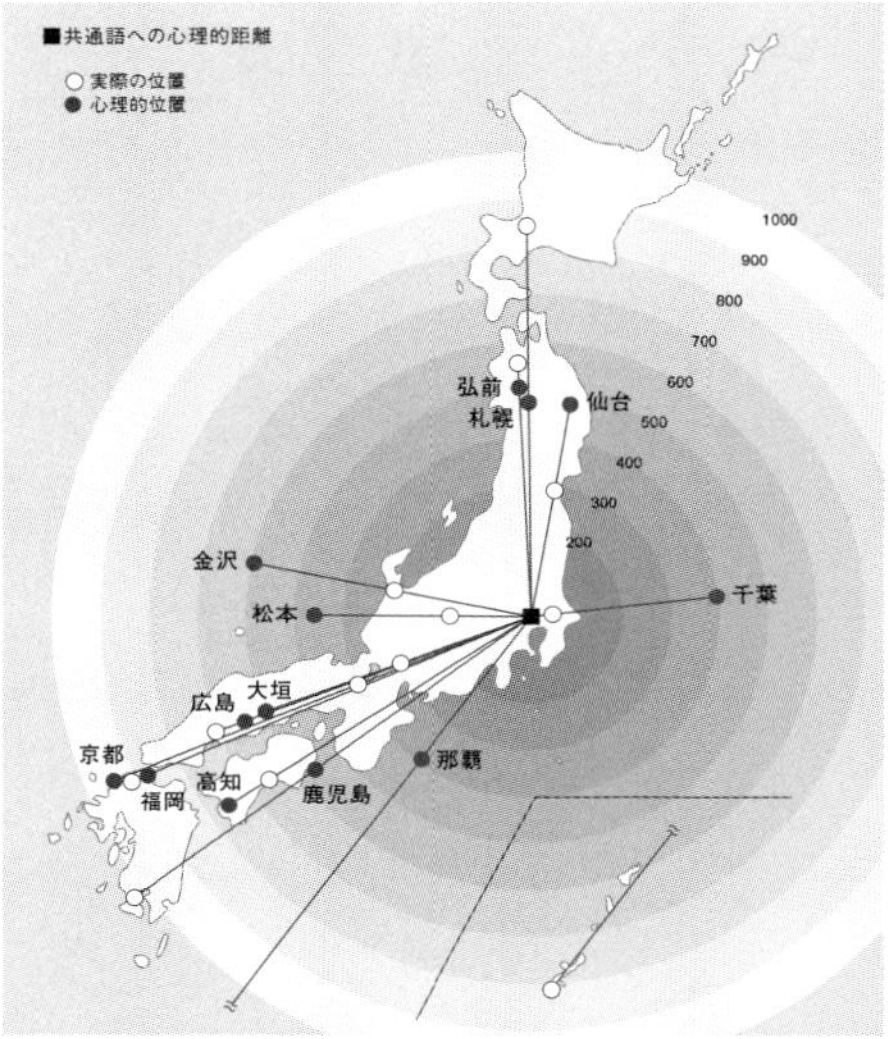

［共通語への心理的距離］ 各地の地元生まれ地元育ちの人に、共通語が好きか嫌いかを質問し共通語への心理的距離を数値化したもの。「好き」と答えた人の割合が高い地域ほど、実際の位置より共通語への心理的距離が近くなる。
『どうなる日本のことば』佐藤和之・米田正人編著（大修館書店）より転載。

だやか」「表現ゆたか」と思われていて、意識の上では今でも東京方言を基盤とした共通語に対して、優位な位置を保っているのである。

東京からの心理的距離を地図に表した図にもあるように、京都は東京から最も離れている。また、東京語と京都方言に対する評価も、正反対の位置にある。

共通語が、「わかりやすい」とか、「はきはきしている」とか実用的な面で評価されるのとはちがい、京都の人は共通語を話す必要性をさほど感じていない。京都弁の話し手が共通語を話さない大きな理由は、京都弁には京都の生活や日常を言い表せる表現が豊富にあるからだという。つまり京都弁は自分たちの日常生活や生活環境、生活様式に合わせて使いやすく育ててきたことばであるから、それ

［銀座4丁目交差点］ 流れ往く人と車。
共通語も留まることなく走り続ける。

を共通語で言い表すことが不可能だと思っているというのである。

かつては、どこの方言も日常の生活や生活様式に合わせた表現を持っていたのだが、共通語化の波に呑まれてしまった。京都はさすがに一二〇〇年からの伝統の重みを背負っていて、言語表現にも巧みなものが多い。はっきり言うととげのあることでも、柔らかに表現している。「京のお茶漬け」[注2]「考えときます」の例えは有名である。

走り続けることば

今でも東京語は共通語として様々な要素を加えている。東京へは全国のみならず世界各地からも人が集まり、東京方言としての日常の微妙なニュアンスを表すことばより、能率的で効率の良いことばに磨かれていく。現在、ことばは文法も発音も、規則的になってきている。いわゆる「食べれる」などの表現も「来れる」「読める」のような可能動詞を産み出す日本語の大きな変化の一環である。

表現を豊かにするために全国各地から多彩な表現が入り込むのも拒まない柔軟性もある。例えば、「〜させていただきます」は関西から入ってきた言い方であるし、自転車を「チャリンコ・ケッタ」というのは愛知・岐阜の言い方である。「〜じゃん」は、横浜のことばとして有名で、東京に入ってきたと言われている表現

[注2]「**京のお茶漬け**」「**考えときます**」

京都の町家では、客が帰ろうとすると「お茶漬けでも、どうですか」と言われる。それは、「何のおかまいもせず、失礼しました」という意味のあいさつ表現。「考えときます」も、やんわりとした断り方。

であるが、もともとは静岡・愛知・神奈川の伝統的な方言の言い方であった。「三河の、じゃん、だら、りん」として有名な方言事象で、「見るじゃん、見るだら（見るだろう）、見りん（見ろ）」のように言う。「しんどい」も今では東京の人も普通に使うことばであるという。ちょっと前までは、典型的な関西方言の一つと思われていた。

江戸時代、東海道は各地から文化やことばを江戸に運んだ。江戸語は東海道を通じて周辺からの影響を受け、上方語の要素を取り込み、時代が明治に変わると東京語となりさらに日本各地のことばを吸収していく。そして、東京語は共通語の性格を強めスタンダード日本語としての役割を果たすようになっている。

ことばは、これからも様々な要素を取り入れ日常生活や環境、生活様式に合わせ、より豊かで巧みな言語表現を育てていくことだろう。

「終章」東海道から東海道線へ

ツュンベリー
スウェーデン人医師が歩いた東海道

●八百啓介・文 text by Keisuke Yao

時は鎖国下の徳川時代。
ただひとつ西洋に開かれていた、長崎の出島。
この地で交易をとりしきったオランダ商館長、いわゆる「カピタン」は、
将軍に拝謁のため、江戸への参府が義務づけられていた。
長崎から江戸へと向かうこのカピタンの一行に、
商館に勤務する外国人医師たちの姿があった。
世界の海を渡ってきた彼らはその旺盛な好奇心、
そして緻密な観察眼で街道で目にした当時の日本の姿、
人々の暮らしぶりを余さず記録に残したのである。

【陸路としての東海道】

江戸時代の東海道は、江戸日本橋から京都までの一二六里六町一間（およそ五〇〇キロメートル）の間に、品川から大津まで五十三の宿場が置かれていたほか、京都から大坂（明治になって大阪と改称）までの間にも、伏見・淀・枚方・守口の四つの宿場が作られた。

一六〇一年（慶長六年）には、早くも徳川家康により各宿場に伝馬を置くことが定められており、これをもって東海道の宿駅制度の創設とされるが、箱根・新居の

※文中のツュンベリーの旅行記からの引用は、すべて高橋文訳『江戸参府随行記』（平凡社東洋文庫）による。

両関所が設けられ、さらに「五十三次」となったのは、およそ二十年以上たった元和・寛永年間以降のことである。東海道は江戸時代におけるいわゆる五街道の一つであり、中山道とならび東日本と西日本とを結ぶ幹線道路の役割を果たしていた。

一八八九年（明治二十二年）に東京（新橋）・神戸間の東海道線が開通するまでの交通の中心は水上交通であり、とくに江戸時代には大坂から瀬戸内海を経て、山陰・北陸・松前（北海道南部）の日本海沿岸諸都市を結ぶ西廻り航路は、北前船（弁財船）と呼ばれる千石積みクラスの船の往来する物流の大動脈であった。

▼東海道ミニガイド

静岡県掛川市―①

◆東海道第二十六宿の掛川。市内に入るなり目をひくのは、平成五年に天守閣の再建がなった掛川城。ここは、妻の「内助の功」で有名な山内一豊の出世城として名高い。

しかし江戸と京・大坂の上方（関西）とを結ぶ交通は、一六一九年（元和五年）に菱垣廻船が江戸・大坂間の物資の輸送を始めるものの、旅行者は、熊野灘など遭難の危険のある太平洋側の航海の難所を避けて、陸路に頼らざるをえなかったのである。

【東海道と外国人】

江戸時代にこの東海道を通って旅をしたのは日本人のみではない。後年「鎖国」として知られる徳川幕府の厳しい対外的規制によって、江戸時代には日本人の海外渡航と外国人の来日は、一部の例外を除いて厳しく制限されていたが、外国人の旅行者がいないではなかった。

例えば、長崎の出島にいたオランダ商館長[注1]（カピタン）は、毎年（のちに四年に一度）江戸に出府して将軍に御礼言上することを義務づけられていたのである。江戸への参府旅行は、出島に隔離されていたオランダ人にとっては、外に出ることが許されるほとんど唯一の機会であり、とりわけ長崎街道とともに陸路である東海道の旅は、日本人の社会と生活とを真近に観察することのできる貴重な体験であった。

この出島商館にドイツ人ケンペル[注2]やシーボルト[注3]が医師として赴任していたことはよく知られている。ここでは江戸時代の社会が大きく変化した十八世紀中期に

［注1］**オランダ商館**
江戸時代、平戸および長崎にあったオランダ東インド会社の日本支店。初め一六〇九年に平戸に置かれたが、一六四一年に、ポルトガル人の来航禁止で空いた長崎出島に移転。

［注2］**ケンペル**
（一六五一～一七一六）
ドイツ人医師・博物学者。オランダ商館勤務時代には、江戸参府に二回随行。その著書『日本誌』は、当時のヨーロッパにおける日本研究の源となった。

［注3］**シーボルト**
（一七九六～一八六六）
ドイツ人医師・博物学者。オランダ商館付き医師の時代に、長崎郊外に鳴滝塾を設け、高野長英ら多くの門人を指導。帰国に際して地図などの持ち出しが発覚したシーボルト事件は有名。

医師として赴任したスウェーデン人ツュンベリー（ツンベルク）の江戸への旅行記から、当時の交通事情を見てみることとしよう。

【ツュンベリーと日本との出会い】

カール・ツュンベリー（ツンベルク）（Carl Peter Thunberg）は、一七四三年にスウェーデンのイェンシェーピングという町に生まれた。十八歳でかつてケンペルも学んだストックホルム近郊のウプサラ大学に入学して医学を学ぶとともに、動植物を属名と種名の二つの名称で固定する、こんにちでは広く用いられている二命名法を確立したリンネ（Carl von Linne）のもとで植物学を学んだ。

その後、パリへの留学を経て、リンネの紹介でオランダを訪れたことから、オランダ東インド会社の医師となり日本の植物を調査することを志した。そして杉田玄白らが翻訳した『解体新書』が出版された翌年の一七七五年（安永四年）に来日。一年間の短い滞在期間の後、日本で採集した植物標本とともに帰国の途につくが、この間、江戸において『解体新書』翻訳グループのメンバーであった桂川甫周・中川淳庵らとも接触している。そして帰国後は『日本植物誌（Flora Japonica）』（一七八四年）、『日本植物図譜（Icones Plantarum Japonicarum）』全五巻（一七九四年―一八〇五年）などを著した。

◆掛川名物はもうひとつ、幕末に困窮した村を立て直すために二宮金次郎（尊徳）が教えた仕法を全国に広めた「報徳運動」の拠点。左の写真は報徳運動の全国本部「大日本報徳社」。「経済門」と「道徳門」、二つの門が、金次郎の教えを象徴している。

当時、すでにケンペルが持ちかえった日本の植物が属名で分類されていたが、ツュンベリーは日本で採集した八一二種の植物を、リンネの植物体系にもとづき属名と種名で分類したことから、「日本植物学の父」と称されている。彼はその功績によりウプサラ大学の植物園長・教授・学長の職を歴任し、一八二八年に八十五歳で没した。

ウプサラ大学図書館には、日本滞在中のツュンベリーに宛てた阿蘭陀《おらんだ》通詞や蘭学者のオランダ語の手紙が残っており、日本での交流の一端をこんにちに伝えている。

ツュンベリーは一七七五年八月十三日、オランダ船スタフェニッセ号で長崎に到着した。翌七六年三月四日（当時の日本の暦では安永五年一月十五日）に長崎を出発し、四月八日に大坂に到着、翌九日に大坂を発ち、京に五泊して京都所司代[注4]や町奉行に謁見の後、関・桑名・池鯉鮒（愛知県知立市）・吉田（愛知県豊橋市）・見付（静岡県磐田市）・島田（三泊）・江尻（静岡県清水市）・三島・小田原・戸塚を経て、四月二十七日に江戸に到着した。京都から江戸までは十四日

[注4] **京都所司代**
武家政権が朝廷、公家、寺社、京都市中や、上方、西国を支配するために京都に設置した職。

間の旅であった。
ちなみに十七世紀末の一六九〇年（元禄三年）に来日したケンペルは、翌年と翌々年の二度にわたって江戸への参府旅行に同行したが、最初の参府では、京都から江戸までの道中は十二日間の日程であった。さらにツュンベリーよりちょうど半世紀遅れて参府に加わったシーボルトは、桑名から佐屋路を経由したこともあり、京都から江戸まで十六日間を要している。

このように、江戸時代を通じて東海道の旅は、スピードアップが計られることもなく、常に同じ時間が流れていた。

【ツュンベリーの見た規則と服従】

十八世紀啓蒙主義全盛のヨーロッパから来たツュンベリーにとって「野蛮とは言わぬまでも、少なくとも洗練されてはいない」国である日本で「ことごとく理にかなった考えや、すぐれた規則」に出合ったことは大変な驚きであり、これらの点においてはヨーロッパにまさっているとすら認めている。

とりわけ「その国民性の随所に見られる堅実さ、法の執行や職務の遂行にみられる不変性」に感銘を受け、「礼儀正しいことと服従することにおいて、日本人に比肩するものはほとんどいない」と断言するにいたるのである。

▼東海道ミニガイド
静岡県掛川市―②

◆ここ掛川は、実はオランダ商館長の江戸参府にかかわりの深い土地である。一七九二年に長崎に赴任した商館長、ゲイスベルト・ヘンミィは、一七九八年、時の将軍徳川家斉に謁見の後、長崎への帰途、ここ掛川で持病が悪化して没する。本人の遺志に従って仏式の葬儀が行われた天然寺にいまもその墓所がある（左写真）。後の商館長は、参府の際掛川を通過するときは、かならずここへの墓参をしたとか。

ツュンベリーにこのような日本社会における規則と服従とを印象づけたのは、長崎から江戸への旅行中に見た交通事情であった。すなわち、当時のヨーロッパでは通行人や馬車についての交通ルールが確立されていなかったのに対して、日本ではすでに「きちんとした秩序や旅人の便宜のために、上りの旅をする者は左側を、下りの旅をするものは右側を行く」という交通規則があったのである。

江戸時代の日本人の交通手段は徒歩か駕籠《かご》に限られていたが、荷物の運搬手段としては、江戸時代の中期以降、経済の発展にともなって、江戸・名古屋・大坂などの大都市周辺では大八車や「べか車」と呼ばれた車輛が用いられるようになる。これに対して幕府は、伝馬の馬持ちや上荷船・茶船など既存の交通業者の利益を守るために、通行上の危険や橋梁の損傷を名目として、街道での車輛の使用に対して厳しい規制を加えていた。もはや幕府の政策は、時代に見合うものではなくなっていたのである。このため車輛が東海道で広く用いられるようになるのは、幕府の力が衰える幕末になってからのことであった。

ツュンベリーもすでに大坂から京への道中、「都とその周辺で使われている唯一の乗り物で、それ以外の地方では使われていない」低い小さな三輪車を見ているが、「この車は道路の片側しか通行を許されていない。そのため、その側にはたくさんの車が往来しているのが見られた。またそこでぶつかり合わないように、午前中に町を出て行き、午後に町へ帰ってくるという順序になっていた」と、すでに人車道の分離と車輌に対する交通規制が存在していたことを記している。

【江戸時代の交通インフラ——その光と影】

ツュンベリーは他にも「この国の道路は一年中良好な状態であり、広く、かつ排水用の溝を備えている」「さらに道路をもっと快適にするために、道の両側に灌木がよく植えられている」[注5]「里程を示す杭が至る所に立てられ、どれほどの距離を旅したかを示すのみならず、道がどのように続いているかを記している。この種の杭は道路の分岐点にも立っており、旅する者がそう道に迷うようなことはない」「街道沿いには最高四時間の間隔で宿駅があり、そこには道路の難渋さと距離に見合った数の馬と人が常にいて人々の運搬に当る」などを伝えている。

このように驚くべきことに、日本では当時すでに排水・緑化設備、道路標識、休憩施設（サービスエリア）といった現代の交通インフラの基本が備わっていたのである。これに対して、ヨーロッパでは「旅人の移動や便宜をはかるほとんどの設備が、まだ多くの場所においてまったく不充分」な状態であったということをツュンベリー自身が認めている。

しかし、その一方でツュンベリーによれば、「各家に不可欠な私的な小屋（厠《かわや》）は、

[注5] **里程を示す杭** 一里ごとに盛り土をし、上にエノキなどの木を植えた「一里塚」のことであろう。

日本の村では住居に隣接して道路に向けて立てられている。その下方は開いているので、通りすがりの旅人は表から、大きな壺のなかに小水をする」と街道沿いの民家の厠が旅行者の利用に供されており、「暑熱下にしばしばそこから非常に強く堪え難いほどの悪臭が発生する。それは鼻にどんな詰め物をしても防ぎ切ることはできないほどの、またふんだんに香水を使いこんでもまったく無駄なほどの悪臭である」と、その発する悪臭のひどさに閉口している。とくに夏になると「それは目を強く刺激し、大勢の人々とくに高齢者はそのために目が真っ赤になり、痛み、そして目やにを出している」など、街道沿いでは大量の糞尿の発するアンモニアによる交通公害が発生していたのである。

ツュンベリーが日本に着いた一七七五年には、連年の干ばつや風水害のために二年続けて全国的な大飢饉に見舞われていたが、彼は旅行記の中で「日本では飢餓と飢饉はほとんど知られておらず、あってもごく稀である」と述べている。

確かに、わずかな旅行期間に、限られた日本社会を垣間見たにすぎない彼の日本報告は必ずしも実態を伝えてはいないともいえよう。しかし、その完ぺきなまでの規則と服従の社会が、自由な経済活動や個人の健康の犠牲の上に成り立っていたということは、外国からの商人として旅行者として身をもって体験していたはずである。

エピローグ

鉄路を越えて

東海道線が伝えたもの

●羽根田治・文 text by Osamu Haneda

時は明治初年、文明開化の世。
政府は列強に追いつくべく東海道線の敷設を立案した。
しかし、鉄路は箱根と伊豆の連山に遮られ
箱根を迂回し御殿場を回って沼津へと向かう。
東海道から東海道線へ。
鉄道は新たな文明を運び、文化を育んだ。
東海道線が成立する過程には何があったのだろうか。

【鉄路の箱根越え】

東海道線（現在は東海道本線）の駅名と沿線名所を唄ったのが『鉄道唱歌第一集』。その一番に唄われている新橋は、言わずとしれた鉄道発祥の地。明治五年（一八七二年）五月七日（旧暦）に品川〜横浜間が仮開業、同年九月十二日（旧暦）に新橋〜品川間が開通し、新橋〜横浜間が日本初の鉄道路線となったのだった。

以降、明治七年の大阪〜神戸間、明治十年の京都〜大宮通（現在は廃止）間、明治十七年の大垣〜関ヶ原間、明治二十一年の浜松〜大府間、といった具合に開通区

［足柄道］箱根を越える道は古来から、碓氷道、足柄道、湯坂道があった。なかでも足柄道は万葉集にも登場する道であったが、延暦の富士山の噴火で埋もれてしまい、東海道のメインルートから外れてしまった。

間を順次つなぎ、明治二十二年（一八八九年）七月一日、新橋～神戸間の東海道線全線がようやく一本になった。ちなみにその所要時間はなんと約二十時間。今の新幹線が東京～新大阪間を二時間半で結んでいることを考えると、なんとも長い旅路である。

もっとも、まだ鉄道がなかった時代、江戸から大坂まで歩くのに十数日かかったというから、それと比べれば革命的な近さになったと言えよう。

ところで、明治二十二年に全線開通となった東海道線は、現在の路線とは一部異なる区間がある。その区間というのが国府津《こうづ》～沼津間。当時の東海道線は小田原、熱海を通っておらず、現在の御殿場線が東海道線の一部になっていたのだ。

明治の頃の土木技術を考えると、新橋から神戸を鉄路で結ぶことがいかに大変な事業だったかは容易に想像できる。しかも予定ルート上には、天竜川や大井川などの大河川、大垣～米原間の伊吹越え、膳所～京都間の逢坂越えなどの障害がいくつもあった。そのなかでも最大の難関となったのが、「天下の嶮《けん》」と謳われた、国府津～沼津間の箱根越えであった。

［鉄道記念碑］国府津駅前に設置された開業一〇〇周年の記念碑。東海道線初の駅弁を売り出したのは国府津駅前の旅館だった。当時の駅弁の中身はただの握り飯。

これより以前、歩くことが移動の手段だった時代、東海道を旅する者は箱根峠を越えて東海と関東を行き来していた。見上げれば急峻な斜面が迫ってくる箱根路は、当時の旅人にとって胸突き八丁の難所であった。まして雨など降ろうものなら、たちまちのうちに道はぬかるみ、その一部が崩壊することもたびたびだった。延宝《えんぽう》八年（一六八〇年）には大々的な石畳の普請が行われたのだが、それでも雨に濡れた石畳でスリップしての転倒・滑落事故が後を絶たなかったという。

この峻険な地形を利用して、江戸幕府は芦ノ湖畔に関所を設け、いわゆる「入り鉄砲に出女」を監視し、諸大名の動向に目を光らせた。そのこともまた、箱根が「天下の嶮」と呼ばれる理由のひとつとなっていた。

東海と関東を隔てるこの天然の砦をいかにして越すかは、東海道線のルートを決定するにあたっても大きな壁となった。そして調査の結果、国府津から箱根を北へ大きく迂回するように山北、御殿場を経て沼津に抜けるルートが採用されることになったのである。

では、現在のルート、つまり海岸線を通って沼津に至るルートが、なぜこのときは実現しなかったのか。地図を見ると、わざわざ「天下の嶮」を迂回するよりも、現在のルートを採ったほうが工事をするにもずっと楽なように思える。しかも、山北・御殿場経由ルートでは、東海道で最も繁華な宿場町であった小田原と、湯治場として名を馳せていた熱海がまったくカヤの外になってしまうのだ。

それでもなお山北・御殿場経由ルートが採られたのは、箱根から伊豆半島に連なる伊豆連山が熱海と沼津の間に立ちはだかっていたからだ。この山脈を貫いて鉄道を敷設するには長いトンネルを掘るしか方法がなく、当時の土木技術ではそれが不可

［道祖神］箱根越えの道にひっそりとたたずむ道祖神。旅人を道路の悪霊から護る神である。

能だったのだ。

伊豆連山の山腹に坑を穿つ「丹那《たんな》トンネル」の工事は、御殿場経由の東海道線が全通してから二十九年が経った大正七年（一九一八年）にようやく始まった。当初、七年を見込んでいた工期は、湧き水や崩壊事故などが続いたために大きくずれこみ、昭和九年（一九三四年）になってやっと完成にこぎつけた。要した歳月はなんと十六年。この間の大事故は四回を数え、合計六十七人の殉職者を出したという。この丹那トンネルの開通によって、国府津〜熱海〜沼津を通る現在の東海道本線のルートが確立され、国府津〜御殿場〜沼津間の路線は御殿場線となったのである。

【取り残された町と人車鉄道】

話は本題の東海道線からちょっと横道に逸れる。

東海道線が御殿場を経由していた四十五年間、路線から外れていた小田原と熱海は長い不遇の時代を送ることになる。

十九世紀半ば、小田原城の城下町兼東海道の宿場町として栄えてきた小田原には約一一〇軒の宿屋があり、人口も約一万二七〇〇人を数えたという。一方、一五〇〇年前の開湯と伝えられる熱海は、武将たちの湯治場として人気を集め、江戸時代には徳川家康も入湯。以降、将軍家への献湯も行われ、江戸時代中・後期には民衆の湯治場としてもにぎわった。

ところが、東海道でも屈指のこの二大繁華街が、東海道線のルートから外されてしまったのである。地元の人々の落胆はさぞかし大きかったに違いない。小田原の宿屋は次々と廃業に追い込まれ、熱海へ赴く湯治客にしても、移動手段は自力で歩くか人力車を利用するしかなく、時代はとっくに明治に変わっているというのに、江戸時代と変わらぬ不便さを強いられていた。

その小田原〜熱海間に、今で言う〝私鉄〟が通ることになる。事業主は、当時、実業家として名を成していた雨宮敬次郎。明治十五年(一八八二年)ごろ、結核の療養のため雨宮が熱海を訪れた際に、熱海に至るまでのアクセスの悪さを痛感し、鉄路の敷設を考案したのだった。その鉄路の名を、「豆相人車鉄道《ずそうじんしゃ》」と言う。

〝人車〟とは、人力によって動く車のことである。動力は同じでも、人車が人力車と決定的に異なっていたのは、客車のサイズが長さ約一・六メートル、幅一・五メートルで定員が四〜六人だったこと、その客車を引くのではなく、二、三人の車夫が押していたこと、さらに鉄道と銘打っているとおり軌道上を移動していたこと、などだ。その豆相人車鉄道の古い写真を見て、思わず吹き出してしまった。坂道に四台ほど連なった人車の一台一台を、たしかに車夫が押しているのである。

豆相人車鉄道は、明治二十八年（一八九五年）に熱海〜吉浜間が、翌年には吉浜〜早川間が開通し、明治三十三年（一九〇〇年）に小田原まで結ばれた。総延長は約二十五キロ、途中に九つの駅があり、熱海〜小田原間の所要時間は四時間近く。客車は上等、中等、下等の区分があり、等級に応じて客室の内装が異なっていた。客最難所の真鶴《まなづる》〜江の海間では、下等の乗客は客車から降り、なんと車夫といっしょになって客車を押さなければならなかったという。

ちなみにこの人車鉄道、文人の創作力をいたく刺激したようで、国木田独歩の『湯ケ原ゆき』に登場する。また志賀直哉の『真鶴』、芥川龍之介の『トロッコ』などにもこの路線のことが描かれている。

明治から大正期にかけて、人車鉄道は東日本を中心にして全国各地で産声を上げ、やがてその短い生涯を終えていった。豆相人車鉄道も明治四十年（一九〇七年）に蒸気機関車が導入されたものの、関東大震災で壊滅的な打撃を受け、廃業へと追い込まれていくことになる。

東海道線がもたらしたもの

最高品質の国産牛肉の産地・近江では、すでに江戸時代に彦根藩から将軍家へ近江牛が献上されていた。しかし、当時はまだ一般的に牛肉を食べる習慣はなく、薬用として一部の間で珍重されていたにすぎなかった。それがガラッと変わったのが、明治の文明開化以降。すき焼きや牛鍋といった新しいメニューが紹介されるや、新しもの好きがまずそれらに飛びつき、徐々に牛肉が食べられるようになっていったのだった。

明治時代、近江牛は最初は陸路で、のちには船で産地から運ばれていったが、東海道線の開通後は近江八幡駅からの貨車輸送が主となった。需要の増加と最短・最速輸送ルートの実現が相まって、近江牛の供給量は一気に増加したのである。

近江牛の例を出すまでもなく、東海道線の開通は沿線地域に大きな変化を与えた。東海道の宿場町のひとつとして栄え、明治十八年

［富士屋ホテル］箱根宮ノ下には「奈良屋」、「富士屋ホテル」など政財界人や文人墨客に愛されたホテルがあり、明治の頃、武田久吉も宮ノ下に滞在した。富士屋ホテルは明治十一年、外国人専用ホテルとして開業。「奈良屋」は平成十三年、三〇〇年の歴史に幕を閉じた。

に日本で初めての海水浴場が誕生した大磯にも、東京周辺から大勢の海水浴客が押し寄せるようになった。とくに夏場は東京・銀座にも劣らぬにぎわいを見せたといい、のちには多くの政財界人が別荘を建てて住むまでになる。

また、東京への輸送ルートが確保されたことによって飛躍的な成長を遂げたのが、漁業の町として知られていた焼津の水産加工業。島田市の木材工業や藤枝市の家具工業も販路が拡大されたことで大きく発展する。昭和九年にようやく東海道線が通じた熱海は、〝東京の奥座敷〟と呼ばれるほどに繁盛し、多くの文化人らにも贔屓《ひいき》にされた。

一方で、琵琶湖の湖上交通や、江戸への商業港として繁栄した遠州の港、大河川の渡し場として栄えた宿場町などは、東海道線の開通によってその役目を終え、徐々にさびれていくことになる。

【文化を運ぶ線路《みち》】

さて、東と西を結ぶ一本の鉄路は、町や産業の興亡を左右したばかりでなく、日本の文化にも直接的または間接的に少なからぬ影響を与えた。たとえば〝日本アルプスの父〟と呼ばれるイギリス人の宣教師、ウォルター・ウェストン［注1］と東海道線の結びつきがそうである。明治二十五年（一八九二年）の富士登山の際、ウェス

［箱根に向かって］明治時代、箱根の急勾配を越えるために何台もの蒸気機関車が輸入された。アメリカのロジャース社製やアメリカンロコモティブ社製の蒸気機関車が活躍した。国産の車両が走るのは大正時代になってから。

［注1］**ウォルター・ウェストン（一八六一～一九四〇年）** イギリス・ダービー近郊に生まれた英国聖公会の宣教師・登山家。一八八八年から三度来日した。スポーツとしての登山という概念を日本に持ち込み、多く

トンは当時の東海道線の御殿場駅で下車し、そこから富士山の太郎坊小屋へと向かった。また、翌年、木曽駒ヶ岳の南に位置する恵那《えな》山に登るときに下車したのが、東海道線の岐阜駅だった。著書『日本百名山』で一躍有名になった深田久弥は、ウェストンの『日本アルプスの登山と探検』に書かれている恵那山の紀行を読んで触発され、およそ十年後にかの山に向かっている。

　イギリス公使、アーネスト・サトウの息子である武田久吉[注2]も、東海道線をきっかけとして、おのが世界を築き上げた一人であろう。東京生まれの武田久吉は幼少より植物と山に興味を持ち、やがて植物学者への道を辿ることになる。その契機ともいえるのが、箱根への旅ではなかっただろうか。

　幼い頃、武田は東海道線で国府津まで行き、湯本まで人力車、そこから先は山駕籠《かご》に乗せられて箱根山に行ったと、著作『明治の山旅』に記している。同書には、宮ノ下の旅館に投宿し、毎日近所の草原でいろいろな花を採ってきたとの記述もある。後年、武田は植物学者として大学で教鞭をとりながら研究を続け、高山植物の分布と自然保護活動に尽力するのだが、その基礎を育んだのが箱根であったことは想像に難くない。

　現代の文学でも、日本の詩壇を代表する詩人・茨木のり子の「根府川の海」が創作されたのも東海道線のひと駅であった。一編のかぎりなく透明で美しい詩は、

の登山家に影響を与え、自身も日本で先駆的な登山活動を行った。また「日本アルプス」という言葉を自著『日本アルプスの登山と探検』で用い、世界に日本の山々を紹介した。

[注2] **武田久吉**（一八八三〜一九七二年）

植物学者・理学博士・登山家。イギリス公使アーネスト・サトウの息子として東京に生まれる。幼い頃より植物や自然に興味を持ち、東京外国語学校卒業後一九一〇年イギリスに渡り、王立キュー植物園での研究生活をはじめ王立理工科大学、バーミンガム大学で研究・教鞭をとった。帰国後は大学で植物学を教え、高山植物の分類・分布の研究や自然保護活動に尽くした。日本山岳会の創立メンバーの一人でもある。

こころの中に温かく息づくものを与えてくれた。

　産業の一大根幹である鉄道が、産業の運輸・伝達システムとしての役割はもとより、文化の担い手として武田久吉やウェストンを山に運び、ひいては詩や小説の舞台として明治・大正・昭和期を代表する作家たちに描かれているということは、注目に値すべきである。

　東海道線が近代日本の産業の基盤をつくったことは間違いないが、それだけにとどまらず、新たな文化の風をもたらすための一役になったこともまた事実なのである。

［根府川］豆相人車鉄道にも駅名があった東海道本線根府川駅。駅から一望できる相模湾の穏やかな夕景が旅情を誘う。駅舎には茨木のり子の詩「根府川の海」が飾られている。

●中西　進
（なかにし　すすむ）

一九二九年東京生まれ。東京大学大学院博士課程修了。帝塚山学院学院長。『辞世のことば』（中公新書）『日本人こころの風景』（創元社）『ことばの風景』（角川春樹事務所）『聖武天皇』（ＰＨＰ新書）『日本語のふしぎ』（小学館）『日本人の忘れもの』（ウェッジ）など著書多数。

●小和田哲男
（おわだ　てつお）

一九四四年静岡県生まれ。現在、静岡大学教育学部教授。専門は日本中世史、特に戦国時代史。著書に『戦国武将』（中公新書）『呪術と占星の戦国史』（新潮選書）『歴史探索入門』（角川選書）など。

●関　幸彦
（せき　ゆきひこ）

一九五二年生まれ。学習院大学大学院博士課程修了。現在、鶴見大学文学部教授。著書に『蘇る中世の英雄たち』（中公新書）『武士の誕生』（ＮＨＫブックス）『源頼朝・鎌倉殿誕生』（ＰＨＰ新書）など。

●柴　桂子
（しば　けいこ）

一九三七年生まれ。近世女性史研究家。著書に『近世おんな旅日記』（吉川弘文館）、『会津の女たち』（恒文社）、『二宮文』（桂文庫）などがある。雑誌「江戸期おんな考」発行。

●神崎宣武
（かんざき　のりたけ）

一九四四年、岡山県生まれ。民俗学を故宮本常一氏に師事。以来、国内外のフィールドワークに従事。現在、神崎研究室主宰、旅の文化研究所所長。著書に『観光民俗学への旅』（河出書房新社）『三三九度』（岩波書店）『江戸に学ぶ「おとな」の粋』（講談社）など。

●鈴木日出男
（すずき　ひでお）

一九三八年生まれ。東京大学大学院修了。現在、成蹊大学教授。専門は古代文学。『古代和歌史論』（東京大学出版会）『新編日本古典文学全集　源氏物語』（小学館、共著）など。

●児玉　信
（こだま　まこと）

一九四六年生まれ。國學院大學文学部卒業。伝統芸能の評論などで活動。日本大学芸術学部演劇学科講師、実践女子大学文学部美学美術史学科講師、石川県立音楽堂邦楽プロデューサーを務める。著書に『能と狂言』（小峰書店）『ぶらり東海道五十三次芸能ばなし』（アートダイジェスト）ほか。

●板坂耀子
（いたさか　ようこ）

一九四六年生まれ。福岡教育大学教授。文学博士。専門は近世紀行文学。著書に『江戸を歩く』『江戸の女、いまの女』（以上、葦書房）『江戸の旅と文学』『江戸の旅を読む』（以上、ぺりかん社）など。

◉永田生慈（ながた　せいじ）

一九五一年生まれ。太田記念浮世絵美術館副館長・葛飾北斎美術館館長。主な編著書に『浮世絵八華』（平凡社）『葛飾北斎年譜』（三彩社）『日本の浮世絵美術館』（角川書店）ほか。

◉宮内淳子（みやうち　じゅんこ）

一九五五年、東京都生まれ。帝塚山学院大学教授。お茶の水女子大学大学院博士課程修了。専門は近代文学。著書に『谷崎潤一郎　異郷往還』（国書刊行会）『岡本かの子論』（ＥＤＩ）など。

◉久保田展弘（くぼた　のぶひろ）

一九四一年生まれ。早稲田大学卒業。宗教学者。一神教・多神教を比較しながら海外にもおよんでフィールドワーク。著書に『山岳霊場巡礼』『インド聖地巡礼』『日本宗教とは何か』『聖書はどこから来たか』（以上、新潮社）『狂と遊に生きる―一休・良寛』（中央公論新社）『神の名は神』（小学館）『日本多神教の風土』（ＰＨＰ研究所）など。

◉久野マリ子（くの　まりこ）

一九四九年、兵庫県生まれ。東京都立大学大学院博士課程単位取得。現在、國學院大學文学部教授。専門は方言学・音声学・言語学。主な著書に『北奥方言基礎語彙の総合的研究』（桜楓社・共著）『現代日本語方言大辞典』全９巻（明治書院・共編著）『東京語のゆくえ』（東京堂出版・編著）ほか。

◉八百啓介（やお　けいすけ）

一九五八年生まれ。九州大学大学院博士課程単位取得退学。文学博士。現在、北九州市立大学教授。専門は近世対外交渉史。著書に『近世オランダ貿易と鎖国』（吉川弘文館）など。

◉羽根田　治（はねだ　おさむ）

一九六一年生まれ。フリーライター。山、自然、沖縄などをテーマに、綿密な取材と構成でノンフィクションを執筆。主な著書・監修に『生還―山岳遭難からの救出』『パイヌカジ―沖縄鳩間島から』『ドキュメント気象遭難』（以上、山と溪谷社）『自分流山登り虎の巻』（雄鶏社）など。

◉林　義勝（はやし　よしかつ）

一九五〇年、東京生まれ。写真家・林　忠彦の四男。人物写真を主体としてコマーシャル写真、エディトリアルの分野で活躍する一方、テーマ写真を得意とし、現在、歴史的背景を織り込んだ日本の原風景および「能」「龍」などの撮影に取り組む。八八～九〇年、父・忠彦のライフワークとなった写真集『東海道』の撮影に同行。九三年より個展『十二支伝説』で国内および海外巡回写真展を開催。主な写真集に『毛利元就』『〝幽〟観世榮夫の世界』など。

◆**資料提供協力（敬称略）**
表紙カバー
　由比町立東海道広重美術館
本文
　明治大学刑事博物館
　明治書院
　國學院大學図書館
　大修館書店

◆本書は、ジェイアール東海エージェンシー発行の「月刊ひととき」二〇〇一年八月号～〇三年五月号に連載された「東海道万華鏡」より二十二回分を抜粋し、加筆修正したものである。

東海道 人と文化の万華鏡

二〇〇三年七月二十九日 第一刷発行

著者 中西進、小和田哲男、関幸彦、柴桂子、神崎宣武、鈴木日出男、児玉信、
板坂耀子、永田生慈、宮内淳子、久保田展弘、久野マリ子、八百啓介、羽根田治

発行者 今村 元
発行所 株式会社ウェッジ
〒一〇一-〇〇四七 東京都千代田区内神田二-十二-六 内神田セントラルビル5F
電話：編集部 〇三-五二九六-五〇〇五 書籍営業部 〇三-五二九六-五〇〇八
http://www.wedge.co.jp/
振替 00160-2-410636

写真 林 義勝
ブックデザイン 上野かおる+北尾崇（鷺草デザイン事務所）
印刷・製本所 図書印刷株式会社

※定価はカバーに表示してあります。
ISBN4-900594-65-2 C0021